Jürgen Becker

DA WISSEN SIE MEHR ALS ICH!

Das Mysterium des rheinischen Kapitalismus

KiWi
KÖLN

Neuauflage 2006

Umschlaggestaltung: Barbara Thoben, Köln/Foto: privat
Fotos Innenteil: Jürgen Mainx (1), Stefan Worring (1), privat
Satz und Layout: neue maas 11, Köln
Druck und Bindearbeiten: Clausen & Bosse, Leck

ISBN 3-462-03555-X

HERZLICH WILLKOMMEN!

Der deutsche Hausmeister:
„Hier können Sie nicht stehen bleiben!“

DA WISSEN SIE MEHR ALS ICH!

Egal, wo Sie in Deutschland hinfahren, die Begrüßung kommt immer freundlich und prompt: „Hier können Sie nicht stehen bleiben!"

Ich spielte neulich mal rechtsrheinisch.

Da kam ich so um 18 Uhr an, und das Kulturamt war wie immer noch nicht da – aber der Hausmeister, der Herr Eichler.

Und der sagte auch sofort: „Hier können Sie nicht stehen bleiben."

Jetzt hatten die aber für die Vorstellung nur zwei Lampen – zwei Bühnenscheinwerfer. Beide aus den fünfziger Jahren, und einer davon war auch noch kaputt.

Jetzt sage ich für Herrn Eichler: „Hören Sie mal, die eine Lampe geht nicht!" Da sät der für mich: „Da wissen Se mehr als ich!"

„Ja", sage ich, „kommen Sie mal gucken, die is' kapott."

Da kam er so anjeschluff und sät: „Ja, für normal mööt die ävver jon."

„Ja", sage ich, „für normal ja."

Und dann kam der entscheidende Satz: „Tja, müsste mal einer nach gucken."

Mal einer!

Ja, und dabei blieb es dann.

Aber bevor sich auch nur so was wie Ärger breit machen konnte, konterte dieser Herr Eichler sofort mit einer entwaffnenden Gegenfrage: „Herr Becker, wollen Se 'n Bier?"

Und schon fühlte ich mich so merkwürdig zu Hause und obendrein außerstande, den Mann auch noch auf die Leiter zu schicken. Denn sehen Sie mal, im Hörfunk sieht man ja auch nichts. Und trotzdem machen einige das Radio an.

Also, es wurde ein etwas schummriger Abend, ich hörte auch ein leichtes Schnarchen aus den hinteren Reihen, aber der Rest war gut drauf. Und da habe ich gedacht, diesem Herrn Eichler, dem widmest du dein nächstes Programm, das ist dein Beitrag zum Denkmalschutz des rheinischen Kapitalismus.

Denn machen wir uns nichts vor: Fest angestellte Hausmeister, also Katschmareks mit Kündigungsschutz, die wird es schon bald nicht mehr geben.

Die Wirtschaft nennt das ja Outsourcing. „Source" heißt ja „Ursprung"/„Quelle". Die werden quasi ausgequellt. Und der Ursprung dieser Mitarbeiter ist dann außerhalb der Stadt, außerhalb der Firma. Die haben oft so kleine Hire-und-Fire-Verträge. Heute hier, morgen dort, bin kaum da, muss ich fort. Das senkt enorm die Kosten, und die Leute sind viel motivierter.

Aber das ist der Trend im Moment. Die einfachen Jobs werden outgesourct und die Facharbeiterinnen und Facharbeiter, die kommen alle auf CD-ROM. Man glaubt nicht, wie viel Berufserfahrung in Zukunft noch auf eine CD-ROM passt.

Das lädt sich Bill Gates ganz microsoft auf die Windows, und übrig bleiben hinterher ganz einfache Jobs, und die werden dann wiederum outgesourct.

Aber da wollen wir nicht jammern, das kommt ja alles aus Amerika. Und in Amerika, das wissen Sie ja auch, da haben die ja trotz Krise kaum Arbeitslosigkeit.

Warum? Weil die da im Supermarkt Tüten einpacken.

Das ist wirklich wahr. Die, die bei uns arbeitslos sind, packen Ihnen da an der Kasse die Tüte ein!

Die sind zum Teil über 70 Jahre alt. Nicht die Tüten, die Leute.

Und die schleppen Ihnen die Tüte bis in den Kofferraum. Deswegen haben die keine Arbeitslosigkeit. Aber das wissen Sie ja.

Aber was Sie vielleicht noch nicht wissen: Wenn Sie in Amerika aufs Klo gehen, da sitzt einer daneben, der putzt Ihnen den Hintern ab. Nicht überall, aber das gibt's da wirklich.

Ich war ja drüben. Ich muss sagen, es war erst komisch, aber ich hab mich hinterher dran gewöhnt. Das ist hygienisch super. So sauber können Sie das selber gar nicht machen, weil Sie ja hinten keine Augen haben. Aber die gucken richtig nach, ob noch was hängt.

Ich suche ja einen, der mir das hier macht. Aber Sie finden doch keinen! Das ist doch bei uns das Problem. Über vier Millionen Arbeitslose, aber nicht einer, der einem den Hintern abwischt!

Soll ich Ihnen mal was sagen?

Viele, die bei uns Arbeit haben, die wollen eigentlich gar nicht arbeiten.

Es ist ja wirklich so: Wir haben hier über vier Millionen Arbeitslose, in Amerika hat jeder drei Jobs.

Ich hab da einen kennen gelernt, der war lange Zeit Tüteneinpacker im Supermarkt, Hintern-Service und anschließend bei McDonald's in der Küche. Das machte der hintereinander weg.

Aber das ist eben der Unterschied zwischen Europa und Amerika: Der Amerikaner kennt keinen Neid. Und ohne Neid keine Sozialdemokratie. Auch keine Gewerkschaften. Also auch keinen Sozialismus. Wenn Sie nicht neidisch sind, brauchen Sie auch nicht zu kämpfen.

Diese drei Jobs, die der hat, sind alle nicht sonderlich gut bezahlt. Aber unser promovierter Meister Propper der Po-Ebene, der ist nicht neidisch auf die, die mehr verdienen.

In Amerika ist man nicht neidisch. Da freut man sich einfach, wenn man von diesen drei Jobs zusammen dann wirklich einigermaßen gut ... nicht leben kann. Denn er spart ja die ganzen Sozialabgaben.

Und das ist es doch, was bei uns so teuer ist. Die Lohnnebenkosten sind doch zu hoch.

Warum?

Weil wir alle krankenversichert sein wollen.

Das ist ja auch ein Quatsch!

Der Amerikaner hat das zum Teil gar nicht. Das Wort Barmer Ersatzkasse können Sie ins Amerikanische gar nicht übersetzen.

Jetzt können wir uns das scheinbar auch nicht mehr leisten.

Der Rürup, den kennen Sie doch, das ist ja der Piet Klocke der Sozialkassen, und die Ulla Schmidt, die beiden haben das eingeführt: Der Arzt kostet 10 Euro Eintritt. Nur fürs Wartezimmer! Da haben Sie den Arzt noch gar nicht gesehen. Nur für die alten Zeitungen. 10 Euro Eintritt. Da können Sie sich entscheiden, gehen Sie zum Kabarettisten oder zum Urologen. Sind beides Kleinkünstler.

Die Ulla Schmidt kann ja das Schlimmste erzählen, es klingt so schön.

Ich kann das nicht nachmachen. Ich versuche es immer, aber wir am Rhein, wir haben das Aachenerisch nicht drauf. Ich glaube, die Ulla Schmidt hat die Printen noch hinten im Hals kleben.

Oder auch die Rentenversicherung – die ist ja auch ein großes Problem. Wie soll man das denn machen?

Immer weniger Kinder, immer mehr alte Leute. Und die alten Leute, die werden auch noch älter als früher.

Wir werden alle immer älter, aber keiner kann es sich mehr leisten.

Jetzt gibt es verschiedene Vorschläge, zum Beispiel von den Gewerkschaften: Lebensarbeitszeit insgesamt verkürzen! Wir haben ja nicht genug Arbeit für alle, also müssen wir sie auf mehr Menschen verteilen. Rente mit 60.

So.

Jetzt sagen natürlich der Rürup und die Ulla Schmidt: Können wir uns nicht leisten. Rente mit 67. Und der Papst Rente mit 100.

Nun frage ich Sie, was ist richtig? Das ist ja ein breites Spektrum.

Jetzt sagen die Gegner der Gewerkschaft: „Ja, Moment! Rente mit 60, das geht ja schon mal gar nicht. Wer länger lebt, der darf ja nicht auch noch kürzer arbeiten.“

Das ist auch wieder wahr.

Das Blöde ist natürlich, dass man in der Regel nicht weiß, wie lange man lebt. Nach dieser Logik kann es durchaus sein, dass Sie nach Ihrem Tod noch weiterarbeiten müssen.

Gut, in vielen Behörden ist das kein Problem ...

Aber das Problem hat der Amerikaner überhaupt nicht.

Viele Amerikaner leben einfach völlig ohne Altersversorgung. Das geht auch.

Das brauchen die auch nicht, weil die haben ja die Todesstrafe. Und die wenden sie immer öfter an.

George W. Bush, das war ja der Weltmeister. Der hat als Gouverneur in Texas in einer einzigen Amtszeit damals in fünf Jahren 152 Todesurteile vollstrecken lassen.

Ich konnte das gar nicht glauben und habe deshalb extra noch mal bei Amnesty International angerufen. Stimmt wirklich! 152 Todesurteile!

Dä, da fallen Sie vom Stuhl, ne? Gott sei Dank ist es kein elektrischer!

In einem einzigen Bundesland. Das wäre doch bei uns undenkbar. Das Saarland hat doch gar nicht so viele.

Selbst so Hardliner wie der Schill in Hamburg würden hier sagen: „152 Todesurteile in einem einzigen Bundesland? Nee! Da kann was nicht stimmen. 90 – gut."

Aber wir Europäer sind da eben auch naiv.

Wir denken hier immer: Demokratie und Menschenrechte, das ist Amerika.

Wir Europäer meinen,
Demokratie bedeute:
Wer die meisten Stimmen
hat, der hat gewonnen.
In Amerika ist das aber
mehr 'ne Empfehlung.
Für die Rechtsanwälte.

Also der Bush ist ja damals nur deswegen Präsident geworden, weil der Al Gore mehr Stimmen hatte.

Das kapieren wir hier überhaupt nicht.

Da hat das Gericht gesagt: „Ach, jetzt hört mal auf zu zählen. Hier wird die Handzählung gestoppt. Der Bush, der wär das jetzt. Der wär jetzt der Bestimmer."

Und so verhält er sich ja auch.

Ist 'ne Art Kinderdemokratie. Ich bin jetzt der Bestimmer! Was der Papi kann, das kann ich auch!

Das ist der Unterschied.

Bei Bill Clinton, da hieß es noch: Erst Amerika und dann die Welt! Da haben wir uns dran gewöhnt.

Bei Bush hieß es plötzlich: Nur noch Amerika! Der kannte ja vorher auch nichts anderes. Der ist da vorher nie rausgekommen.

Ich denke, warum macht der da nichts im Nahen Osten? Arafat, Sharon, Israel, Palästinenser – der wusste gar nicht, wo das ist. „Ach, die sollen sich die Köppe einschlagen – uninteressant."

Klimaschutzabkommen von Kyoto? Johannisburg? – Uninteressant! Der Amerikaner hat kein Klima.

Internationaler Gerichtshof in Den Haag? – Uninteressant! Sagt der Bush: „Wenn da auch nur ein einziger Amerikaner als Kriegsverbrecher angeklagt wird, den bombe ich persönlich wieder raus."

Ja, jetzt wissen wir auch, wer nach dem Irak als Nächster dran ist. Nix Iran oder Syrien – Holland! Und ich dachte immer, die Achse des Bösen sei in den Wohnwagen!

Aber ich sage Ihnen, das ist eben der Unterschied. Der jetzige Präsident ist handgezählt, der Vorgänger war mundgeblasen.

Also ich muss ehrlich sagen, mir war der alte lieber. Ich sage: Lieber 'ne Zigarre im Schritt als Klima am Arsch.

Aber freuen wir uns doch, der Krieg ist vorbei. Jetzt führt der Amerikaner im Irak die Demokratie ein. Und wenn es klappt, dann macht er das zu Hause auch.

Ich sage Ihnen aber auch: Wenn die damals die Stimmen wirklich zu Ende gezählt hätten, dann hätten dem Bush am Ende genau 152 Stimmen gefehlt. –

Obwohl, wie ich die kenne, hätte er die vorher alle noch per Briefwahl wählen lassen. Es heißt ja auch Wahlurne.

Aber das ist ja nicht nur der Bush. In Amerika warten insgesamt 3.000 Häftlinge auf den Vollzug der Todesstrafe. Das können wir uns hier gar nicht vorstellen.

Das ist alles Ökonomie heutzutage. Und ökonomisch ist das doppelt gut. Der, der hinrichtet, hat einen Arbeitsplatz, und der andere braucht keinen mehr!

Das ist der Trend jetzt auch bei uns. Wir haben viele neue Staatsfeinde, die immer sagen: Staat, hau ab! Es regelt jetzt alles der Markt.

Und das bisschen Staat, was dann noch übrig bleibt? Sehr effizient! Keine Lagerhaltung, auch nicht im Strafvollzug, sondern just in time.

Gut, die Todesstrafe ist bei uns kein Thema. Gott sei Dank!

Aber der Rest ja schon.

Wir haben auch bei uns viele, die sagen: Staat, hau ab, es regelt alles der Markt.

Die FDP sagt das ja schon immer. Staat, hau ab, das macht alles der Markt. Aber der Markt regelt eben nicht alles.

Lange dachte man, die schlechten Umfragewerte der FDP lägen an Möllemann. Heute wissen wir, der Tod Möllemanns war etwas überstürzt. Das ist der Westerwelle. Und der Westerwelle, der ist bekanntlich das, was man im Kommunismus einen „Apparatschik" nannte. Das sind die Menschen, die sich nur im internen Parteiapparat bewähren mussten, niemals in der realen Außenwelt. Der Westerwelle ist ja von der Uni in Bonn, zack, rüber auf die andere Straßenseite in die FDP-Parteizentrale rein, seitdem hängt der da drin. Der ist da ja nie rausgekommen. Deswegen ist der auch gegen den Staat. Weil der das ja früher nicht gehabt hat. Denn man muss auch mal gegen den Staat sein, das ist doch wichtig. Gerade in der Jugend mal opponieren, rebellieren gegen das Elternhaus, gegen das Establishment, gegen den Staat – muss doch mal sein!

Da hat sich die CDU so aufgeregt, dass der Joschka Fischer heute so ein seriöser staatstragender Außenminister ist, aber früher so ein wilder radikaler Mann war.

Ja, ich sage: Ist doch besser als umgekehrt!

Beim Westerwelle ist es nämlich umgekehrt. Der war immer Schleimer, und heute ist er gegen den Staat, weil er es früher nicht gehabt hat. Das hat er nämlich neulich mal bei Beckmann erzählt.

Und der Beckmann, der fragt ja manchmal fies.

Beim Biolek, da konnten Sie erzählen, was Sie wollten. Aber der Beckmann ...

Da fragt der den Westerwelle: „Sagen Sie mal, haben Sie eigentlich keine Frau?"

Ja, ich denke, wat will er denn jetzt?

Da wollte der Westerwelle nicht drauf antworten, da eierte der so'n bisschen rum. Er hätte noch nicht die Richtige gefunden. Irgendwas.

Und da hakte der Beckmann immer weiter nach: „Ja, wer bügelt Ihnen denn die Hemden?"

Also er wollte aus ihm rauslocken: „Und das ist auch gut so!"

Das ist ja heute kein Problem mehr. Aber den Mut hat halt nicht jeder. Und in diesem Gespräch kam das raus. Der Westerwelle ist auch zu Hause nie rausgekommen. Der wohnte ja bis vor kurzem noch beim Papi.

Der Westerwelle hatte keine Jugend. Der hatte Akne!

Ich kenne das von mir. Da lernt man, sich auszudrücken. Da ist man nur vorm Spiegel spritzig.

Und daher kommt auch bei der FDP die Ablehnung gegen jede Form von Sozialstaat. Die können einfach keine Mitesser mehr sehen.

Dennoch muss ich sagen, in der Haut von Westerwelle möchte ich nicht stecken. Wenn der so daherkommt und immer sagt: Staat, hau ab, es regelt alles der Markt – da würde unser Herr Eichler sagen: „Da wissen Se mehr als ich."

Das ist im Grunde genommen der Zweikampf unserer heutigen Zeit. Westerwelle gegen Eichler.

Früher, da war das einfach. Da hieß es immer: Kapitalismus gegen Kommunismus. Da konnte noch jeder mitreden.

Im Kapitalismus wird der Mensch vom Menschen ausgebeutet. Im Kommunismus ist es umgekehrt.

Das hat sich erledigt, das wurde ja auch langweilig. Aber was wir heute erleben, das ist viel komplizierter.

Westerwelle gegen Eichler.

Oder nennen wir es ruhig:

AMERIKANISCHER KAPITALISMUS GEGEN RHEINISCHEN KAPITALISMUS

Das ist jetzt nicht von mir, das ist wissenschaftlich.

Ein französischer Ökonom, Michel Albert, der hat das Wort rheinischer Kapitalismus erfunden. Der ist Chef einer großen Versicherungsgesellschaft in Paris, und der hat ein Buch geschrieben, ein Grundlagenwerk „Kapitalismus kontra Kapitalismus". Wird oft zitiert.

Und der beschreibt in dem Buch diesen Begriff so: Der rheinische Kapitalismus, das ist der Kapitalismus der Länder, die am Rhein liegen. Also Frankreich, Belgien – gut, die Maas –, aber Holland, Deutschland, Österreich, Bregenz am Bodensee, so grade noch dran, Schweiz.

Aber z.B. nicht England und auch nicht Amerika. Es sind nur die Länder mit den höchstentwickelten Sozialsystemen weltweit und der relativ geringsten Armut auf der Welt. Und diese Länder liegen zufällig alle am Rhein.

Und das ist rheinischer Kapitalismus.

Dä! – Da wissen Sie das auch! Dann können wir ja Schluss machen!

Gut, jetzt wird mancher sagen, was ist denn mit Dänemark? Oder mit Schweden?

Sehen Sie mal, der Rhein, der fließt ja in der Nordsee weiter. Ich meine, man sieht das nicht so, weil das Ufer weg ist, aber wenn der da in Holland so ins Meer fließt, da fließt er direkt rechts die Eck eröm, da kommt er an England gar nicht ran. Und dann schwappt der in Dänemark am Ufer so vorbei.

Dänemark ist quasi rechtsrheinisch. Man hört das auch an den Ortsbezeichnungen, zum Beispiel Kopenhagen, das heißt Königswinter. Dagegen wiederum Göteborg – Godesberg.

Also die gehören auch zum rheinischen Kapitalismus.

Aber was ist jetzt der Unterschied zwischen dem amerikanischen und dem rheinischen Modell? Nun, der amerikanische Kapitalismus beruht auf dem Satz: Jeder ist seines Glückes Schmied – und die anderen haben Pech gehabt! John Wayne!

Der rheinische Kapitalismus hingegen stimmt sein eigenes Liedchen an: „Drenk doch eine met ..."

Aber nicht aus karitativen Erwägungen heraus, sondern aus der festen ökonomischen Überzeugung:

Der Umsatz, der ist doch langfristig am größten, wenn alle mittrinken und niemand in der Bronx vertrocknet.

Kennen Sie doch?

„Drenk doch eine met, stell dich nit esu ahn. Du stehs he de janze Zick eröm. Häs de och kin Jeld, dat es janz ejal, drenk doch met un kümmer dich nit dröm!" ...

Aber dieses Lied, das wäre im amerikanischen Kapitalismus bereits eine pure Provokation.

Da kriegen welche Bier ohne Geld!

„Häs de kin Jeld, is ejal, drenk doch met, kümmer dich nicht dröm."

Wie kann man so was sagen? Das Lied setzt doch den Satz „Leistung muss sich wieder lohnen" völlig außer Kraft mit der imaginären Gewissheit – mit der imaginären rheinischen Gewissheit –, man muss erst mal jar nix!

Das ist ein schönes Grundgefühl. Man setzt sich ins Schicksal hinein; da wollen wir erst mal gucken, wat et jibt. Aber wir lassen uns nix sagen.

Eine gewisse emanzipatorische Haltung steckt dahinter. Das Lied wurde ja 1968 geschrieben. Da hatten die Bläck Fööss noch lange Haare. Das waren ja richtige 68er. Das würde doch heute keiner mehr schreiben.

Warum? Weil der Kapitalismus härter geworden ist. Und deswegen müssen wir uns mal vorab die Frage stellen: Was ist überhaupt Kapitalismus?

„STELLEMER UNS MAL JANZ DUMM!“

Neulich bei uns in Köln am Chlodwigplatz: Sitzen ein paar Punker auf der Erde. Punker gibt es immer noch, das ist mittlerweile Brauchtum. So wie die Roten Funken.

Sitzen die Punker also auf der Erde, und während die früher alle Passanten fragten: „Haste mal `ne Mark?“, heißt es heute: „Haste mal ’n Euro?“

Der Punker hat also nicht halbiert. Das ist die Teuerung!

Jetzt passiert etwas Bezeichnendes. Der allseits bekannte Zuhälter aus der Merowingerstraße kommt mit einer wasserstoffblonden Dame an seiner Seite, mit der er beruflich zu tun hat, da vorbei und gibt so im Vorübergehen dem grünhaarigen Werktätigen einen väterlichen Rat.

Sagt der Zuhälter zum Punker: „Jung!“ –

Jetzt muss man sagen, der Kölner sagt zu jedem erst mal „Jung“. Auch zu Frauen sagt der Kölner mitunter „Jung“. Nur zur alten Frau, da sagt er „junge Frau“.

Sagt der – so ist es wirklich passiert, ich denke ich traue meinen Ohren nicht – sagt der Zuhälter zum

Punker: „Jung! Da musste ding Ahl an de Eck stellen, dann bruchste dat nit!"

Ich meine, war ja nett gemeint. Die Alte an die Ecke stellen. Das macht der Zuhälter ja hauptberuflich. Er wollte durch das Ausplaudern seines Betriebsgeheimnisses dem Jugendlichen auf die Beine helfen und eine kleine Gründungsoffensive starten.

Man kann doch sagen, die Tätigkeit des Zuhälters entspricht im Wesentlichen der eines Aufsichtsrates einer größeren Bank oder eines Industriebetriebs.

Das heißt, der arbeitet nicht selber, er kontrolliert die Arbeit anderer, die Produktionsmittel, die Dienstleistungen und achtet darauf, dass ihm die Konkurrenz nicht die Butter vom Brot nimmt.

Und nicht zuletzt wird sowohl im Aufsichtsrat wie auch beim Zuhälter diese Kontrolltätigkeit höchst fürstlich honoriert.

Man kann sagen, die Tätigkeit des Zuhälters genießt höchste gesellschaftliche Anerkennung.

Sicher, ein bisschen ein Problem ist die Branche. Er sollte zur Dresdner Bank wechseln. Aber da ist das ja hoch angesehen.

Im Aufsichtsrat stellen Sie sich mal vor, Ihr Sohn, Ihre Tochter säße im Aufsichtsrat, würden Sie doch direkt erzählen:

„Hör mal! Der Kevin sitzt ja im Aufsichtsrat."

„Der Kevin im Aufsichtsrat?"

„Ja, der Kevin sitzt im Aufsichtsrat!"

„Hauptschulabschluss und dann im Aufsichtsrat?"

„Ja, gerade deshalb!"

Aber nehmen wir mal an, der Kevin wäre jetzt Punker. Das würden Sie doch nicht an die große Glocke hängen.

Da würden Sie sagen: „Ach ja, wat macht der Kevin? Ach, der weiß noch nicht, der sucht noch."

Ja, warum will man das nicht erzählen?

Nun, der Satz „Haste mal 'n Euro?" bewegt sich bei uns doch eher in den Randbezirken gesellschaftlicher Ordnung. Und genau das war vor dem Kapitalismus mal genau umgekehrt.

Noch im Mittelalter zum Beispiel war es völlig egal, wenn Sie gebettelt haben. Das konnten Sie ruhig erzählen, weil die Reichen brauchten ja die Armen, damit sie in den Himmel kamen. Die hatten oft ihren Hausarmen unter der Treppe wohnen, der mit durchgefüttert wurde und dann für die Reichen beten musste.

Und auch vor den großen Kirchen gab es feste Plätze für Bettler, die konnten sie weitervererben an die Kinder. Also, das Almosen-Wesen war allgemein akzeptiert. Es ging ja auch nicht anders.

Aber Zinsen nehmen, was die Banken heute wie selbstverständlich machen, das war früher Sünde. Schlimmer als Fremdgehen.

Sogar Handel galt früher mal als eine versteckte Form des Betrugs. Ist doch klar. Wenn einer was einkauft und der braucht das gar nicht selber, sondern verkauft es direkt weiter an einen anderen, aber dann teurer, das war moralisch nicht in Ordnung.

Man merkt das heute noch an manchen Branchen, zum Beispiel: Gebrauchtwagenhändler, die direkten Nachfahren der Pferdediebe.

Oder auch im privaten Bereich hat sich diese alte Moral ja auch noch gehalten.

Wenn zum Beispiel ein Freund zu Ihnen sagt: „Hör mal, kannst du mir mal 10 Euro leihen, ich hab das Portemonnaie vergessen?"

Jetzt wollen Sie aber später von dem 20 Euro wiederhaben, dann sind Sie ja unten durch. Nichts anderes machen die Banken. Die dürfen das.

Alles, was den Kapitalismus heute ausmacht, war früher Sünde.

Wie wurde jetzt aus der Sünde ein weltumfassendes System?

Nun, das Wort System setzt sich ja zusammen aus den Worten Sünde und Thema. Irgendwann macht man es so häufig, dass die Sünde kein Thema mehr ist, sondern eine Symbiose aus Sünde und Thema, ein systematisches Sündigen, ein System.

Wollen wir den Kapitalismus verstehen, müssen wir zunächst mal in die Geschichte des Sündigens eintauchen. Und das machen wir hier am besten mit einem kleinen Blick ins Alte Testament, denn da stehen die Sachen ja schon alle drin.

DIE SÜNDE ALS MOTOR DES FORTSCHRITTS

Adam und Eva latschen durchs FKK-Gelände.

Jetzt sagt die Eva: „Ach, guck mal da! Boskop aus biologischem Anbau.“

Jetzt wusste der Adam ja, dass Gott als Plantagen-Eigentümer diese Äpfel gar nicht auf den Markt schmeißen wollte. Wahrscheinlich wollte der hinterher Apfelkompott draus machen. Das war ja der Baum der Erkenntnis.

Und die Erkenntnis war: Kein Reibekuchen ohne Apfelkompott! Rutscht ja auch besser. Ist heute selbstverständlich, war aber damals neu.

Jedenfalls hatte der liebe Gott verboten, den Apfel zu nehmen. Das konnte die Eva aber nicht wissen, denn als er das gesagt hat, war die Eva noch gar nicht da. Da war die ja noch Kotelett. Und Koteletts können ja nicht hören. Hätte er besser Schweineöhrchen genommen ...

Der Adam hat es ihr zwar gesagt, aber wie so oft, wo die Nachfrage groß ist, bildet sich eine Schlange.

Und diese Schlange sagt: „Eigentum ist Diebstahl! Äpfel sind gut gegen Karies. Nehmt ruhig den Apfel.“

Zack! Haben sie den Apfel genommen.

Romms, waren sie aus dem Paradies vertrieben. So schnell kann das gehen.

Und das ist die berühmte Erbsünde, die haben wir alle geerbt. Und deswegen gibt es heute noch nach Ladendiebstahl Hausverbot. Das ist gewissermaßen die Vertreibung aus dem Einkaufsparadies!

Und um diese Erbsünde herum sind jetzt im Laufe der Jahrtausende Dogmen, Heiligtümer, Sakramente entstanden, wie zum Beispiel die Taufe, das wichtigste Sakrament der Kirchen überhaupt, weil die Taufe ja diese Erbsünde wieder tilgt.

Also, wenn Sie nicht getauft sind, da haben Sie ja heute noch den Apfel geklaut. Wie furchtbar.

Das gäbe es alles gar nicht, wenn die damals den Apfel nicht geklaut hätten. Stellen Sie sich mal vor, alles, was wir heute kennen, unsere ganze Kultur – ob Sie an Gott glauben oder nicht – ist ja kulturhistorisch völlig egal. Wir sind ja Kulturchristen.

Wir sind hier der abendländische Kulturkreis, das christliche Abendland, sagt man ja auch, das kulturelle Abendland. Man merkt das daran, dass bei uns die Kulturveranstaltungen meistens abends sind.

Ganz im Gegensatz zum Morgenland, da hat man mehr die Matinee.

Der Moslem kennt ja kein Kabarett. Wir müssen unterscheiden zwischen Minarett und Kabarett.

Also wir sind der abendländische Kulturkreis, und der beruht im Grunde genommen komplett auf diesem blöden Boskop. Wenn die damals den Apfel nicht geklaut hätten, dann würden wir heute noch nackelig hier rumlaufen.

Das ist manchmal ganz schön, aber wir werden ja auch älter. Und insofern kann man auch sagen, Sünde ist gut.

Wenn nicht ab und zu mal einer ein verbotenes Türchen aufmacht, dann gäb es keinen Fortschritt.

Man kann sagen: Ohne Sünde kein C&A!

ILL-PARTY

Es ist kein Problem, dass der Kapitalismus historisch betrachtet eine einzige Sünde war, denn der hat ja auch alles gemacht, was vorher verboten war, weil auch er natürlich der Motor des Fortschritts gewesen ist.

Wer wollte das bezweifeln?

Aber infolgedessen ist es dann doch ein Problem, wenn man heute nicht mehr gegen den Kapitalismus sündigen darf. Und wer die Sünde nicht mehr zulässt und die göttliche Gnade einfach abschafft – ist doch eine wunderbare Erfindung, dass einem alles vergeben wird –, der erntet Fundamentalismus. Und das ist das, was heute auch passiert.

Wirtschaftsfundamentalismus, der Terror der Ökonomie.

Nehmen wir doch mal die schönste Sünde im Kapitalismus überhaupt, die wir kennen: das Krankfeiern.

Hmm!

Was für ein Wort. Krankfeiern.

Man ist krank. Malätzig, man hat Malässen.

Aber: Man feiert diese Widrigkeiten des Lebens.

Ja, warum? Weil sie einen doch wenigstens vorübergehend von der Last der Arbeit befreien.

Sehen Sie mal, so was kennt der Amerikaner gar nicht. Wenn Sie dem sagen „Ill-Party" oder „Sick-Festival", da kann der nix mit anfangen. So was gibt es nur bei uns im rheinischen Kapitalismus. Und das ist doch etwas zutiefst Humanes.

Wer von uns hätte das nicht schon mal erlebt? Man wacht morgens auf. Warum? Der Wecker klingelt zu früh. Wie immer. Aber es ist wieder spät geworden gestern Abend.

Dat letzte Bier wor widder schläch. Und dann meint man auf einmal: Oaah! Ich han so 'ne dicke Kopp, und da is mir op dem Nachhauseweg noch einer op de Hand getrodde!

Oah! Ich leg' mich direkt wieder hin, du! Oah! Ich han su en Ääpel! Ich komm jar nit mie durch die Dür! Och! Wat jeht et mir schläch! Und jetz och noch arbeide jonn? Dat kann isch mir nit vürstelle. Och, nee, nee, nee. Wat bin ich ene ärme Kähl.

Gerade Männer können das unheimlich gut!

Nee, nee, et jit kej größer Leid, als wat man sich selfs andeit. Oh, nee!

Und wenn man da so liegt, dann meint man auf einmal: Oho, ho, ho, ich mejn, ich hätt alt widder Malässen. Oh, Malässen. Oh ... Mit dem Knie!

Genau. Dat han ich alt lang nit mie jehatt. Dat künnt ich noch ens nemme. Jetzt dreh ich mich noch ens eröm, dann don ich noch vier Stunden schlofen, und dann geh ich mit dem Knie mal zum Doktor Engel, der ist mir persönlich bekannt, da bringe ich dem noch mal ein Kartönchen von dem Wein mit, dann tut der mich krankschreiben, dann tut er mir was verschreiben, dann geh ich mir in der Apotheke noch was holen. Und dann jonn ich noch e Bier drinke!

Denn in dem Wort Apotheke, da steckt das Wort Theke ja schon drin.

Man fragt sich oft, wo ist denn nur auf dieser weiten Welt
der wirklich allerschönste Platz, wo's jedem gut gefällt?
Die eine, die liebt die Natur, der andre den Sportplatz nur,
doch fragest du jeden Mann, ehrlich sagt er dann:

Der schönste Platz ist immer an der Theke,
ja, an der Theke ist der schönste Platz.
Ich steh so gerne dort, an diesem schönen Ort,
und keine Pferde ziehen dort so schnell mich fort.
Ja, an der Theke, ja, an der Theke, ja, an der Theke ist der allerschönste Platz!

Aber an diesem Liedchen merkt man – das ist ja jetzt 50 Jahre alt –, wie sich das doch verändert hat.

Wenn heutzutage einer krankfeiert an der Theke, da wird auch hier mancher die Nase rümpfen und schimpfen: Der soll sich nicht so hängen lassen!

Aber genau dafür ist die Theke da. Nehmen wir doch mal als Beispiel immer diese Trittstangen unten an den Theken. Woher kommt das? Mancher sagt, das sei ein Handlauf ...

Aber erst später. Erst mal ist das eine Trittstange. Und das kommt noch von früher, als die Landsknechte hier durchgeritten sind. Die hatten ja früher oft diese engen Reiterhosen an. Deswegen nannte man die immer die Knappen.

Weil die diese knappen Hosen anhatten. Das war sehr eng im Schritt. Das war ungesund. Die sind ja ausgestorben. Und für diese Knappen hat man extra die Stangen an die Theke geschraubt, da konnten die nämlich ihr Bein an der Theke so auf diese Stange stellen und dadurch das hier zwischen den Beinen mal so ein bisschen baumeln lassen.

Daher kommt auch der Satz: Der hängt wieder an der Theke, der Sack!

Da lachen Sie! Da hat man bei uns extra einen Stadtteil nach benannt. Hürth-Knappsack.

Oder der Barhocker. Auch ’ne tolle Erfindung.

Steile Karriere: Vom Thekenhänger zum Autobahnanschluss.

Wenn man auf 'nem Barhocker so draufsitzt und lässt sein Bein dann da runterbaumeln, dann merkt man auf einmal: Oh! Ich mein, dat mit dem Knie, dat wör alt widder besser. Komisch an und für sich. Ich han de Medikamente doch noch jar nit jenomme!

Und sollte sich jetzt so etwas wie ein schlechtes Gewissen breit machen, weil man vielleicht doch zu Unrecht der Arbeit fern geblieben ist, dass man vielleicht gar nicht mal so krank war, wie man erst gehofft hatte, nun, in katholischen Gegenden ging man hinterher beichten – und das schlechte Gewissen war wie weggeblasen.

Da konnte man direkt noch drei Tage dranhängen.

Aber jetzt kommt der amerikanisch-protestantisch-asketisch-puritanisch geprägte Kapitalismus durch die Globalisierung zu uns herübergeschwappt und will das Krankfeiern abschaffen.

Man merkt sofort, man darf nicht mehr sündigen, man kann nicht mehr beichten, Lohnfortzahlung im Krankheitsfall muss weg, Kündigungsschutz muss weg.

Anstelle des Krankfeierns kommt das Hire'rn und Fire'rn, anstelle der göttlichen Gnade das Holen der Papiere.

Woher kommt dieses zutiefst inhumane protestantisch-asketische Denken, das uns heute in der Wirtschaft immer mehr zu schaffen macht? Das ist ja pure Askese.

Der Amerikaner macht nur zehn Tage Urlaub. Nicht im Monat, im Jahr!

Und dann ohne Krankfeiern.

Wir dagegen machen ja erst mal sechs Wochen Urlaub, dann feiern wir im Schnitt noch mal drei Wochen krank, und dann noch mal die ganzen katholischen Feiertage.

Das ist ja auch herrlich, ne? November, Dezember, da können Sie mit zweimal Krankfeiern drei Wochen Urlaub machen.

Das ist katholisches Denken: Wenig Arbeit, viele Feste, dat ist doch immer noch dat Beste.

FRANZ VON ASSISI

Woher kommt jetzt dieses protestantisch-asketische Denken, das uns heute in der Wirtschaft und in der Politik immer mehr zu schaffen macht?

Komischerweise liegen die Ursprünge dieses Denkens gerade im Widerstand gegen den aufkeimenden Kapitalismus.

Und das ist ja oft das Verrückte.

Man wollte in der Weltgeschichte was verhindern und hat damit häufig die Grundlagen geschaffen.

Der erste Kritiker der Geldwirtschaft überhaupt war nämlich ein katholischer Heiliger namens Franz von Assisi. Dä hätt domit anjefange.

Der lebte damals in der Zeit, als das mit den Banken losging. Das war so um 1200 in Italien. Hört man ja heute noch. Bankausdrücke sind immer italienisch: Giro, Cassa, Konto, Disagio, Saldo, Spaghetti in der Mittagspause. Weil das da zuerst war.

Und so lebte der Franz mitten in dieser Bankenwelt und hatte selber viel Geld. Der war nämlich Sohn des reichen italienischen Modezaren und Tuchhändlers Pietro Bernadone. Da ist später Benetton draus entstanden.

Und so hatte der Franz immer die teuersten Stöffchen an. Alles aus Seide. Edle Araberhengste, immer die teuersten Weine, immer Superschüsse im Arm.

Man kann sagen, der heilige Franz von Assisi lebte nach dem Motto „Suffe, poppe, Kate kloppe".

Das kann man nicht übersetzen. Aber ich denke, bei Ihnen brauche ich das auch nicht.

Jetzt ist ja dem Franz aber eines Tages diese Erscheinung erschienen.

Er reitet mit seinem edlen Araberhengst durch die Pasta-Pampa, und kurz vor Erreichen der Höchstgeschwindigkeit sieht er am Wegesrand einen Aids-Kranken im Endstadium. Das waren damals die Aussätzigen.

Sie erinnern sich vielleicht noch, als Aids bei uns aufkam, da hat die katholische Kirche gesagt: Das ist Strafe Gottes für Unzucht, und so weiter.

Aber dann kam die Rita Süßmuth und meinte: „Nix da, Solidarität und Kondome." Gott sei Dank.

Und so war das damals auch. Man kann sagen, der Franz von Assisi war die Rita Süßmuth des Mittelalters.

Mit den Aussätzigen wollte keiner was zu tun haben. Aber der geht runter vom Zossen und küsst dem armen kranken Mann die Hand.

Und dann kam so'n Lichtstrahl vom Himmel – das sollte eigentlich ein Heiligenschein werden, doch der liebe Gott übte noch an der Laserkanone. Das hat

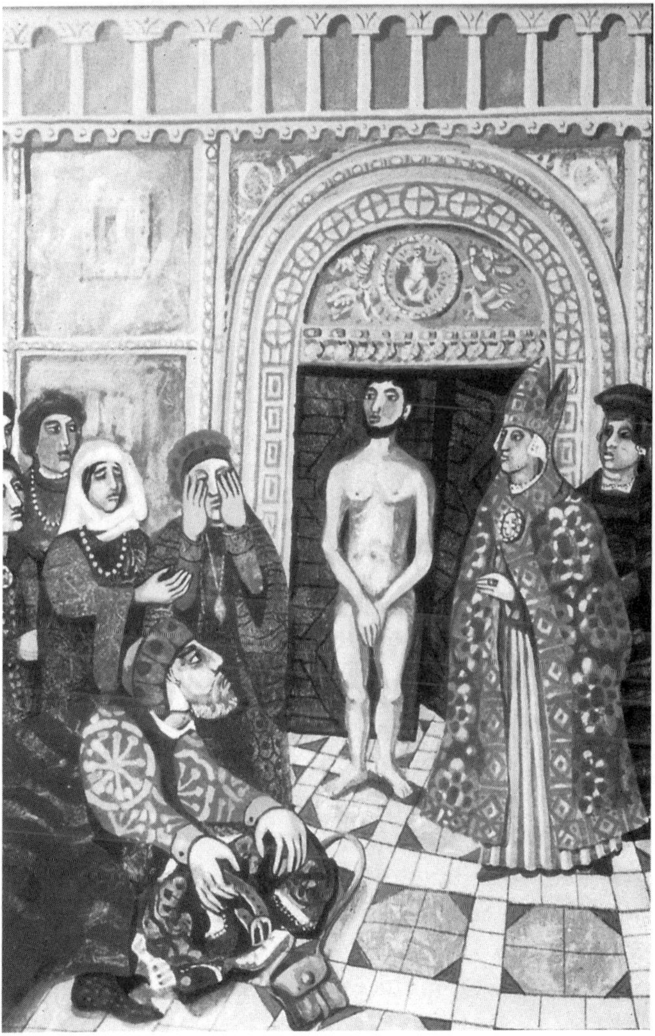

Versuch: FKK-Kathedrale in der Toskana

noch nicht direkt geklappt. Aber: Der dürre Baum fing an zu blühen, die Vögel fingen an zu zwitschern, und der Franz konnte mit den Tieren sprechen.

Und da hat er gesagt: „Ist doch kein Wunder, wenn so'n Wunder geschieht. Ich will jetzt den ganzen Plunder nicht mehr. Ich bin jetzt erleuchtet. Ich gehe jetzt in die selbst gewählte Armut."

Da sagt sein Vater: „Nichts da, du musst die Firma übernehmen. Solange du meine Klamotten anhast, machst du auch, was ich will."

„Gut", sagt der Franz, „zieh ich die Klamotten eben aus."

Dann hat der sich in der Kirche vor allen Leuten nackelig ausgezogen, kann man ja in vielen Bildern im Religionsunterricht noch sehen. Da steht der Franz nackt in der Kirche. Vor allen Leuten. Im Mittelalter! Nackt! In der Kirche! Im Mittelalter!

Nackt in der Kirche. Im Mittelalter! Das ist doch heute noch schwierig. Obwohl, heute können Sie es vielleicht bringen, da ist ja sonst keiner.

Aber da man auch schon damals in Italien die Genitalien nicht einfach so herumbaumeln lassen durfte, hatte der Franz mit seiner Armut alle Hände voll zu tun.

Spätestens bei der Kommunion war das natürlich lästig. Wahrscheinlich hat man deswegen dann die Mundkommunion erfunden, dass man die Hände unten lassen konnte.

Trotzdem hat der Franz sich diese braunen Kutten genäht. Braune Kutten mit Kapuzen.

Man sagte damals: „Mit den Kapuzen durch die Abruzzen.“

Das war so'n bisschen Kultkleidung, so wie die olivgrünen Parkas, die wir so in den siebziger und achtziger Jahren trugen. Erinnern Sie sich noch? Das sah scheiße aus. War aber extra! Die Jugend von heute sieht manchmal auch scheiße aus. Aber die weiß das nicht.

Jedenfalls sind dem Franz viele Jugendliche zugelaufen, die bei seinem Armutsprojekt mitmachen wollten. Natürlich nur Jugend aus reichem Hause. Ist ja klar. Armut macht ja nur Spaß, wenn man vorher reich war.

Und die haben sich gesagt: „Komm, wir gründen einen Alternativbetrieb, wir gründen jetzt eine Firma ohne Chef, und das ist der Franz.“

Wer war damals Papst?

Innozenz – übrigens nicht zu verwechseln mit Papst Nonsens –, und der Innozenz, der sprach: „Mensch, Franz, das ist interessant, was du da machst, so einfach leben wie Jesus, zurück zum wahren Glauben, ich meine, Franz, du musst die Kirche reformieren.“

Jetzt hat der Franz verstanden, er müsse die Kirche renovieren. Das Missverständnis ist wirklich genau so vorgekommen. Da ist der mit seinen Freaks losgezogen und hat die Kirchen renoviert.

Können Sie sich das vorstellen? Der Alternativbetrieb war mit Moltofill am Spachteln, über das Fresko drüber. Es war ein furchtbarer Huddelspitter. In Assisi kam der ganze Scheiß dann wieder runter.

Ja, das lag dem Franz einfach nicht. Der hatte zwei linke Hände. Wenn er das gut gemacht hätte, dann wäre er heute der Schutzpatron der Heimwerkermärkte. Aber da ist nichts draus geworden.

Das wurde dann der heilige Innes. Kennen Sie doch? Sankt Innes. Stinnes Baumarkt. – Hat man säkularisiert. Heißt jetzt Toom. Schade.

Aber wie gesagt, die Kirche fand das trotzdem interessant, was der Franz da machte, weil es war 'ne Zeit, genau wie heute, eine Zeit, in der sich alles veränderte.

Wir nennen das heute Globalisierung. Die nannten das damals Fernhandel.

Und zwar hatten der Vater vom Franz, der Benettons Pitter, und Kollegen plötzlich Manufakturen aufgemacht. Da haben die Stöffchen aufeinander gestapelt, mit dem Messer so alle auf einmal geschnitten, und da hat immer einer das Bein angenäht, der andere den Arm, der andere den

Saum, den ganzen Tag immer dasselbe. So ging das schneller, und so wurde das billiger.

Und dann haben die mit den Banken Handelskreisläufe mit anderen Gegenden errichtet. Mit Frankreich, mit Griechenland.

Griechenland kennen Sie doch? Gyros! Gyros heißt ja auf Griechisch: Kreis. Ich nehme an, weil sich das immer dreht.

Oder Giro heißt ja auch Kreis. Sie kennen doch das Radrennen Giro d'Italia, weil die immer im Kreis fahren. Oder Girokonto. Ist bei der Kreissparkasse.

Und durch diese ganzen Handelskreisläufe sind die plötzlich zu einer Mörderkohle gekommen, und so hatten die reichen Handelsfamilien in den reichen italienischen Städten plötzlich die Macht.

Und der Adel, der vorher an der Macht war, der hatte das ja alles nicht. Der Adel war zwar immer noch reich in Form von Grundbesitz, man kann sagen: Der Adel hatte zwar einen Rolls-Royce, jedoch keine Knete zum Tanken. Dumm gelaufen.

So, und jetzt hat ja zuvor die Kirche den Adel immer religiös überhöht.

Die haben gesagt: Der Adel ist von Gott gewollt. Das Volk muss dem Adel dienen, dann dient es Gott.

So'n Quatsch haben die erzählt. Jetzt hatte der Adel nichts mehr, da konnten die sich mal langsam wieder was Neues ausdenken. Und das kann die Kirche ja. Das ist das Schöne.

Also, wenn das Alte nicht mehr so hinhaut, dann muss man sich was Neues ausdenken. Ist ja öfter vorgekommen, zum Beispiel hat ja damals die Kirche mal gesagt: Die Erde ist der Mittelpunkt der Schöpfung. Alles dreht sich um die Erde.

Da kam der Galileo Galilei und hat gesagt: „Totaler Quatsch! Es gibt Millionen von Sonnensystemen, funktionieren alle gleich, die Planeten kreisen wie Trabanten um die Sonne. Die Erde ist einer von Millionen Planeten."

Da hat die Kirche den fertig gemacht, eingekerkert, nur noch Wasser und Brot.

Aber jetzt hat ja neulich der Papst gesagt: „Nee, dat könnte stimmen."

Da hat der Vatikan feierlich verkündet, der Galileo Galilei ist rehabilitiert. 400 Jahre später. Das ist für die katholische Kirche eine spontane Affekthandlung!

Ja, man lacht, aber es ist ja auch schwer. Das liegt daran, dass der liebe Gott kein Fax schickt, was er denn jetzt will. Oder eine E-Mail. Der liebe Gott hat ja nichts. Das heißt, der Papst, der muss sich das alles ausdenken.

Jetzt rannte der Innozenz da rum und dachte: „Mensch, was will der denn jetzt? Sollen wir jetzt alle so leben wie der Franz, so einfach, zurück zum wahren Glauben, fromm nach der Bibel, wie Jesus? Ach. Willst du, leeven Jott, dat mir dat och mache? Ja, da han ich evver keen Lust zu."

Ist oft ganz simpel, es soll ja auch Spaß machen.

Und so war der Innozenz clever: „Wir machen das so: der Franz, der kriegt einen eingetragenen Verein, da kann der Spendenquittungen ausstellen, ist zufrieden und hat was Eigenes. Und wir als Kirche, wir gründen auch eine Bank. Und da haben die ja dann die Banco Ambrosiano gegründet, die Vatikansbank, die heute noch so fabelhaft mit der Maffia zusammenarbeitet. Und so hat die Kirche auch weiter in Prunk und im Luxus und im Geld und auch in den Frauen geschwelgt.

Aber der Franz hat seinen Stiefel weiter durchgezogen und gesagt: „Plunder lenkt ab vom Wunder."

Und als seine Freaks ein Kloster bauen wollten, ein Franziskaner-Kloster, ist der wutentbrannt hin, hat die Mauern eingetreten, die Schubkarre fortgeschmissen, Betonmischmaschine umgekippt und gesagt:

„Nichts da, Freunde, Mauern sind schon zu reich. Das korrumpiert uns. Nur Zelten!"

Der Franz hat das Camping erfunden.

Do lachste dich kapott, dat nennt man Camping, do lachste dich kapott, dat find man schön.

Sieht man ja auf vielen Bildern. Da hat er an den Händen 'nen roten Fleck und da, an den Füßen ja

auch, und hier. Nix Stigma! Der hat sich die Häringe da reingesemmelt!

Wenn im Zelt de Mücke und de Hummele dich verjücke und dann kannste nit eraus im Rän.

Da ist der auch schwer alt drüber geworden. Ja, dat wissen Sie doch auch. Mit 70 Jahren noch auf der Isomatte, das ist doch nichts. Und daran merkt man schon, dass sich diese seine Grundidee der freiwilligen Askese mit dem freiwilligen Selbstverzicht so erst mal nicht durchsetzen wird.

Später aber leider schon.

Dazu kommen wir in der zweiten Abteilung. Und deswegen sagt man ja in katholischen Städten wie Bonn und Köln heute noch diesen wunderbaren Satz:

„E Bies, wat sich nix jönnt!“ Ein Biest, ein Unmensch, der nicht zu genießen versteht und sich selber nichts gönnt.

DA HABEN WIR DAS SCHON MAL AUS DEM KOPF!

Die Städte haben ja oft die merkwürdigsten Wahrzeichen, zum Beispiel Remagen – keine Brücke. Oder Hamburg – die Reeperbahn.

Sagte neulich noch ein Freund zu mir: „Komm, jetzt gehen wir erst mal in den Puff, dann haben wir dat schon mal aus ’m Kopp.“

Ein zutiefst katholischer Satz, wie ich finde. Man kann es ja hinterher beichten.

Aber das interessanteste Wahrzeichen in dieser Hinsicht finden wir ja da, wo der Rhein den Bodensee wieder verlässt. Da steht ja am Ufer diese neun Meter hohe, 22 Tonnen schwere Statue einer Edelhure namens Imperia. Wo steht diese Frau?

In Konstanz! Das ist also das Busenwunder von Konstanz. Der Bildhauer Peter Lenk hat diese Figur in so ’ner Nacht-und-Nebel-Aktion da aufgestellt. Alle waren empört, sogar der Ministerpräsident Erwin Teufel wollte das Ding wieder affrieße. Aber es steht heute noch da, und mittlerweile sind auch die Konstanzer dafür, weil es kommen mehr Touristen in die Stadt.

Und das wissen Sie ja auch, wo der Umsatz stimmt, ist Toleranz kein Problem.

Diese Statue der Edelhure Imperia trägt ganz locker den Kaiser und den Papst auf Händen, frei nach dem Motto: Der Kunde ist König.

Jetzt sagt man ja Kabarettisten nach, sie würden in Sachen Kirche immer maßlos übertreiben. Aber was sich hier in Konstanz 1414 bis 1418 abgespielt hat, ist satirisch kaum zu überhöhen.

Das Konstanzer Konzil. Ich habe ja eben erzählt, der Franz von Assisi hat die Askese, den freiwilligen Selbstverzicht, gepredigt. Aber die Kirche hat weiter im Prunk und im Luxus und auch in den Damen geschwelgt. Und das alles sollte jetzt in Konstanz noch mal besprochen werden.

Die Stadt hatte damals 8.000 Einwohner, aber während dieses vierjährigen Konzils waren permanent über 20.000 Äbte, Bischöfe, Päpste und Kirchenfürsten in der Stadt.

Und infolgedessen wimmelte es nur so von bildhübschen Dirnen, prachtvollen Liebesdienerinnen und Konkubinen, die allesamt hingekommen waren, den Konzilsvätern Sinn und Verstand zu erleuchten.

Imperia ist dabei in die Weltliteratur eingegangen, weil sie in einer Erzählung von Honoré de Balzac die unangefochtene Nummer eins des horizontalen Gewerbes war. Sündhaft schön und sündhaft teuer. Also für den einfachen Pastor auf der Straße schier unerschwinglich.

So ein einfacher Pastor war jetzt im Gefolge des berühmten Bischofs von Bordeaux, ein bildhübsches, junges, kleines Pfäfflein.

Und dieser schöne, aber arme Philipp von Mala, so hieß das knackige Pastörchen, gerät jetzt in diese schier unglaubliche Veranstaltung.

Er streicht durch die Straßen und Gassen von Konstanz und sieht, wie die Kardinäle sich da zu ihren Beischläferinnen begeben, er beobachtet sie durch die Fenster, quasi in peepshowartigem Popen-Pornos der Premium-Klasse, wie – Zitat – „die gottgefälligen Äbte und übrigen geistlichen Herren sich vergnügten und wacker becherten und verliebt das himmlische Halleluja anstimmten. Die Küchen vollbrachten wahre Wunder. Dampfende Suppentöpfe, gebratene Pfauen in grüner Kaperntunke, rheinischer Sauerbraten vom Pferd. Und überall schwappvolle Humpen mit Würzwein. Und hatten die wackeren Pfaffen dann üppig getafelt und gezecht, so herrschte auf einmal andächtige Stille."

Und dann ging es auf diesem klerikalen Erotikfestival so richtig zur Sache. Oder, wie Balzac das ausdrückte, „so ging alles zum Besten".

Unser junges, anmutiges Priesterlein Philipp von Mala – voll in der Rösigkeit – schleicht durch die Hintertür in das schönste Haus der Stadt, flink wie ein liebestoller Windhund de Trepp erop, ließ sich von den köstlichen Düften zur Kammer leiten, wo die Herrin des Hauses mitsamt ihren Frauen saß.

Sie hatte ihr Geschmeide abgelegt, ihre Gewänder, und da saß sie nun in strahlender Nacktheit und voller Blüte. Imperia! Philipp lief glutrot an, und seinem Munde entfuhr nur ein leises, gelüstetes:

AAH!

Kurzum, Imperia und Philipp verlieben sich tatsächlich unsterblich ineinander. So ein knackiges Pastörchen ist der Imperia überhaupt noch nicht vor die Flinte gekommen. Sie schlemmen, herzen und küssen sich. Aber sie können sich einfach nicht in Liebe vereinen.

Warum?

Weil permanent ein anderer Erzbischof, Abt oder Kardinal in der Tür steht und in die Affäre hineinplatzt.

Ich sage ja, der Kunde ist König. Jetzt kamen die alle. Und kaum war der eine durch die Tür, schon stand der Nächste auf der Matte. Da kommt man zu nichts.

Sie merken an diesem Buch, das da heißt „Die schöne Imperia und andere Erzählungen“, das Buch ist heute noch im Antiquariat erhältlich, auch als Reprint, dieses Buch gehört in jede gute Sakristei, an diesem kleinen Stück Weltliteratur merken Sie, das Zölibat und das Priesteramt wurden damals nicht etwa mit Askese à la Franz von Assisi oder gar prüder Enthaltsamkeit in Verbindung gebracht. Nein!

Der Unterschied zwischen der Ehe und dem Zölibat bestand im Wesentlichen darin, in der Ehe hat man nur eine Frau.

Aber damals gab es eben auch Spielverderber, Reformer, Puritaner, Prüderisten, die Vorboten des Protestantismus. Und die hatten keinen stehen – denen stand es bis hier. Und jetzt hielten die da Moralpredigten.

Können Sie sich das vorstellen?

Den Kirchenfürsten! Quasi den Urhebern der Moral, denen mit Moral kommen! Und ausgerechnet in dem Moment, wo die mit dem beschäftigt waren, was sie am besten konnten. Also quasi, kurz bevor die selber kamen.

Das ist aber auch 'ne Frechheit. Jetzt stellen Sie sich doch mal vor, Joachim Kardinal Meisner wechselt gerade in die Missionarsstellung, und da kommt da so eine Uta Ranke-Heinemann und will Kirche von unten. Ja ...

Also wer soll sich denn da noch konzentrieren? Damals in Konstanz wurde der Coitus interruptus erfunden, den die Kirche ja heute noch empfiehlt – aus Rache. Die vergessen nie was.

So, und einer dieser Moralapostel war jetzt Johann Hus. Kann man sich gut merken. He süt et wirklich us ... wie bei uns zu Hus.

Kleine Eselsbrücke.

Dieser Johann Hus forderte damals die Abschaffung des Papsttums. Heute könnte man das vielleicht bringen. Heute gibt es ja den Papst auf CD-ROM.

Aber damals, zu Imperias Zeiten, da hatte man drei Päpste, und zwar auf einmal. Die waren alle drei poppemunter. Drei Päpste. Ja, wie kommt das?

Das kann ich Ihnen sagen.

Einmal hat man einen Franzosen zum Papst ernannt, und als der dann Papst war, sagte der: „Ja, ich ziehe aber nicht nach Rom. Hier in Frankreich habe ich bessere Weiber."

Und dann hat der sich ja in Avignon dieses riesige Bordell gebaut, einen Papstpalast, der heute noch steht. Können Sie besichtigen. Ein tolles Ding.

Frei nach dem Motto:
„Der Vatikan ist da,
wo Vati kann."

Daher der Name.

Da war der Papst in Frankreich. Das war natürlich für Rom blöd. Rom ohne Papst, das geht ja nicht.

Haben die sich natürlich da auch einen gemacht.

Und da hatten sie zwei. Einen in Avignon und einen in Rom.

Zwei Päpste ging aber auch nicht. Es kann ja nur einen geben.

Da haben sie beide abgesetzt und einen neuen ernannt – und so hatten sie drei. Die anderen blieben einfach.

Das war die Dreifaltigkeit des Gottwunders, der Beruf Papst wurde populär, englisch: Pope.

Das fanden aber viele beschissen, und deswegen nannte man das Schisma. Und dieses Schisma sollte jetzt in Konstanz beseitigt werden.

Jetzt greifen wir als Beispiel mal einen dieser drei Päpste heraus. Baldessare Cossa, ein ehemaliger Seeräuber, ging als Papst Johannes XXIII. nach Konstanz.

Der hieß damals wirklich so. Man hat den Namen später noch mal verwendet, um das wieder zu löschen, aber damals hieß der so.

Und der sollte auch jetzt verschwinden, man hat dem den Prozess gemacht, weil man ihn loswerden wollte.

Jetzt sind die Anklagepunkte alle überliefert und höchst bemerkenswert. Man warf ihm vor, seine kirchliche Karriere durch Ämterkauf gemacht zu haben. Er habe seine Vorgänger vergiftet, um selber Papst zu werden, des Weiteren Ehebruch mit seiner Schwägerin, Unzucht, Sodomie, er habe Kirchengut verschleudert, und er glaube gar nicht an Gott.

Er hat sich also wie ein gewöhnlicher, durchschnittlicher Papst seiner Zeit verhalten. Aber man wollte ihn halt loswerden.

Und er wurde dann auch verurteilt. Nicht zum Tode. Nee, so schlimm war das alles nicht, das sah man wohl ein.

Ab jetzt war er ein Ex-Papst im Kerker, wo er zusammen mit Johann Hus in einer Zelle einsaß. Und das war natürlich fies.

Stellen Sie sich mal vor, Papst Johannes Paul II. mit Eugen Drewermann in einer Zelle. Ein Fall für die Menschenrechtskommission der UNO.

Und so wurde Baldessare Cossa auch nach kurzer Zeit wieder frei gelassen, während man aber Johann Hus, der das ja alles angeprangert hatte, was man Cossa scheinheilig vorwarf, der Hus, der wurde dann als Ketzer auf dem Scheiterhaufen verbrannt, und zwar in Gottlieben.

Und dieses malerische, herrliche Örtchen Gottlieben, am Ufer des Seerheins gelegen, da hat man damals Johann Hus gefangen genommen, eingekerkert und dann später in Konstanz verbrannt.

Und da kann man heute sehr lecker essen. Waghaus und Drachenburg. Sie werden an mich denken.

So wurden in diesem historischen Augenblick damals in Gottlieben und Konstanz die Weichen gestellt.

Während unser heißblütiger Philipp von Mala mit der Kraft seiner Liebe gerade dabei war, zwischen den imposanten Schenkeln der schönen Imperia die glühendsten Wonnen luxuriösester Lustbarkeiten, from the top of the pop, für Ottonormalgeistliche erschwinglich zu koitieren, da machten die Führungskräfte der Firma Kirche in Konstanz den riesengroßen Fehler, die Feinde des Papsttums und des Zölibats – sprich die Feinde der freien Liebe und der sexuellen Revolution im Klerus – nicht durch liberalen Gruppensex zu integrieren, denn das Verbrennen der Moralapostel auf dem Scheiterhaufen war eine ungewollte PR-Aktion, quasi Rauchzeichen eines sich heranbildenden Protestantismus.

Ist doch klar, wer stirbt, ist wichtig. Der steht am nächsten Tag in der Zeitung.

Erinnern Sie sich noch an Rex Gildo? Da hatten Sie doch lange nichts mehr von gehört. Da sprang er plötzlich aus dem Fenster, zack, stand er in der Zeitung.

Findet der Hausmeister den und sagt: „Hossa! Wer liegt denn da?"

Dann kommt direkt der Satz: „Hier können Sie nicht stehen bleiben!"

Genau so war das damals mit Johann Hus. Den kannte vorher kaum einer, aber jetzt wollte jeder wissen, warum und weshalb.

So konnte Luther später sein Konkurrenzunternehmen aufmachen und die katholische Kirche fragen: „Brauchen Sie ’ne Quittung?“

Katholisch: Luther

Wir wissen nicht, was die Kirchenfürsten geantwortet haben, jedenfalls haben sie sie bekommen.

Man muss ja sehen, der Luther, der war überzeugter Katholik. Dor war fromm, der lebte nach der Bibel, der glaubte so richtig an Gott.

Und das galt ja bei den Kirchenfürsten damals als völlig pervers.

Der Luther war im Grunde genommen eine religiöse Minderheit, er hat nämlich damals gesagt: „Entweder man hält sich ans Zölibat, oder man schafft es ab.“

Dä! Immer dat Genaue. Das war das Problem an dem Luther. Der nahm das alles so genau.

Sehen Sie mal, das Zölibat, das war doch damals nur ’ne Idee. Die Idee reichte eben früher aus. Die Menschen lebten in einer Welt voller Ideen. Die Idee, die Vorstellung Kirche zählte, nicht die individuelle Promiskuität der Prälaten.

Das heißt, man glaubte an ein Königtum von Gottes Gnaden, das war der Klerus. Es war aber egal, was der einzelne Klerus leistete. Der konnte dann machen, was er wollte.

Man findet dieses Denken in Ideen ja heute noch in katholischen Zusammenhängen. Wenn zum Beispiel der Papst sagt, man soll keine Verhütungsmittel benutzen ..., die Katholiken können damit umgehen.

Die sagen: „Ist klar. Ich habe die Idee verstanden. Und damit ist es gut!“

Deswegen macht das aber doch keiner!

Außer Boris Becker.

Ich meine, es ist natürlich auch blöd, dass die Kondomautomaten nicht in der Besenkammer hängen. Die Dinger hängen ja immer auf ’m Klo. Ist ja auch Quatsch, beim Pinkeln nützt so’n Ding ja nichts. Im Gegenteil. Aber ist eben auch nur 'ne Idee.

Oder zum Beispiel Fronleichnamsprozession, das ist im Rheinland ja auch immer schön.

Sie wissen, der Rheinländer liebt die farbenfrohen Umzüge und Feste, egal ob es der Rosenmontagszug ist, der Christopher Street Day, wo die Schwulen durch die Stadt ziehen, oder die Fronleichnamsprozession ist – Hauptsache, d'r Zoch kütt!

Und all diese Umzüge haben dasselbe Prinzip. Immer eine Idee nach der anderen. Alle drei. Auch die Fronleichnamsprozession.

Der eine muss das Weihrauchfass schwenken, andere streuen Blütenblätter, andere halten die Monstranz, andere haben eine Fahne ...

Und all diese Ideen haben einen Wert an sich. Also völlig unabhängig vom Wert des Ausführenden. Daran denkt der Kölner zum Beispiel noch vor-lutherisch, antikisch. Also dass innerer und äußerer Rang zusammenfallen, davon gehen wir erst mal nicht aus.

Folgende Begebenheit ist ja überliefert.

Am Rande des Zugweges – auch bei der Prozession spricht der Kölner vom Zugweg – stehen viele ortsfremde Menschen, die das Schauspiel mit angucken. Damals mal zwei ältere Damen aus Bonn.

Sagt die eine zu ihrer Freundin: „Ha, lur ens do, wie herrlich! Die jung Mädcher mit der wieße Kleidcher! De Kommelionskinder."

Stellt eines der Mädchen kurz und knapp richtig: „Mir sin kinne Kommelionskinder, mir sin doch die Engelscher, du Aaschloch!“

Das Mädchen fühlte die Idee verraten. Ich meine, das macht ja auch einen Unterschied, ob man nun ein Engelchen oder ein Kommelionskind ist.

Aber auch hier merken Sie wieder, die Idee Engelchen reicht aus, deswegen muss man sich aber nicht so verhalten.

Derselbe Fall bei unserem ehemaligen Regierungspräsidenten Antwerpes, der ist ja nicht mehr im Amt, aber das Prinzip regiert ja weiter.

Der hat doch zum Beispiel damals bei dem Skandal um die Müllverbrennungsanlage in Köln gesagt: „Nehmt dafür unbedingt die Firma Steinmüller in Gummersbach, sonst macht's hinterher einer billiger.“

Man merkt dieses Unrechtsbewusstsein, das in Köln herrscht, auch an kleineren Vergehen.

Man hat ihm ja zum Beispiel vorgeworfen, dass er in der Wohnung, wo er da wohnt in Köln-Lindenthal, zu wenig Miete bezahlt. Da zahlt der für 160 Quadratmeter 1.200 Mark damals. Das ist preiswert in der Gegend!

Und jetzt war das ja eine Landeswohnung. Da hat man natürlich Klüngel mit der SPD in Düsseldorf vermutet, und da hat ihn einer angeschwärzt.

Das ist im Grunde genommen derselbe Fall wie mit Kurt Biedenkopf in Sachsen. Der hat ja auch wunderbar gewohnt da in Dresden, kleines Schlösschen, kleiner Hofstaat, King Curd, wenig Miete bezahlt.

Es ist bei bestimmten Berufsgruppen immer dasselbe. Ministerpräsidenten, Regierungspräsidenten, Küster und Hausmeister – Scheißjob, aber billige Wohnung.

Nur bei Kurt Biedenkopf in Sachsen, da sind das alles Protestanten. Die wollen das genau wissen. Die rannten dem hinterher bis nach Ikea.

Da sah der Biedenkopf blöd bei aus, da musste der zurücktreten.

Im Rheinland verläuft so etwas im Sande.

Warum?

Die Opposition hängt immer mit drin. Die hat natürlich auch billige Wohnungen.

Nur einer wusste das nicht, da war damals noch der Laurenz Meier, der war hier in Nordrhein-Westfalen, und der hat dann den Antwerpes angeschwärzt.

Und da geht Antwerpes einfach hin – nix Untersuchungsausschuss –, einfach bei Kienzle und Hauser, ZDF, „Frontal“ hieß das damals noch, sagt zur CDU, die ihn angeschwärzt hat: „Das sind so große Arschlöcher, da können Sie mit dem Lkw durchfahren!“

Ein herrliches Bild! Ich stellte mir direkt vor, er steht daneben und kontrolliert die.

Aber auch hier merken Sie wieder, die Idee Regierungspräsident reicht aus. Deswegen muss man sich aber nicht so verhalten.

Jetzt ist es interessant, Herr Antwerpes kommt ja vom Niederrhein. Viersen, Mönchengladbach, Schulfreund von Trienekens. (Deswegen sang der immer: „Trienekens doch ene mit!")

Und Antwerpes ist evangelisch. Aber 20 Jahre Amtszeit im katholischen Köln waren nicht umsonst. Und daran merken Sie, im Rheinland sind auch die Protestanten katholisch.

Hier gibt es überhaupt keine richtigen Protestanten. Mit einer einzigen Ausnahme: Joachim Kardinal Meisner.

Ausschwitzen: Kardinal Meisner

Dieser Mann ist nicht katholisch, nicht im rheinischen Sinne. Ich habe dieses Programm auch mal in der Thomas-Morus-Akademie in Bensberg gespielt, das ist eine Weiterbildungseinrichtung der Erzdiözese Köln. Da haben die Seminare gemacht. Lernende Organisation Kirche. Die machen das heute modern mit Supervision. Für Mitarbeiter, Erzieher, Sozialarbeiter, Pfarrer, Nonnen, Verwaltungsleute, alles durcheinander.

Da wollten die abends ein bisschen Spaß haben und haben mich eingeladen. Und da saß in der ersten Reihe eine Nonne.

Als ich sagte: „Es gibt nur einen Protestanten in Köln, der heißt Meisner!“, da lachte die so asthmatisch in sich hinein. Die kam überhaupt nicht mehr hoch.

Ich sagte: „Ja, nun lachen Sie doch ruhig. Sie können es doch hinterher beichten!“

Da sät die für mich: „Dat don ich och!“

Das war dann ein schöner Abend. Aber genau wie diese Nonne, genau wie das Mädchen mit der „Engelscher, du Aaschloch“ und genau wie der Antwerpes, so lebten eigentlich alle Menschen, bevor der Luther kam.

Man lebte in einer Welt voller Ideen, einem Universum der Vorstellungen. Man kann sagen, man lebte vor Luther ausschließlich im Mysterium des Glaubens.

Was ist das? Das Mysterium des Glaubens?

Können Sie sich vielleicht ein bisschen vorstellen, wenn Sie nachher nach Hause kommen, Sie schließen die Wohnungstür auf, Sie haben das Licht noch nicht angemacht, da klingelt schon das Telefon. In die Dunkelheit des Raumes.

Das ist ein Mysterium. Wenn man nicht weiß, wer ruft so spät noch an? Das ist das Mystische, das den Raum durchdringt. Myst isch eigentlich mal rangehen.

Oder noch besser, der Anrufbeantworter.

Komme ich nach Hause, was sehe ich? 25 Anrufe auf der Maschine. Dä! Wä hätt do widder all anjerofe?

Das ist ein Mysterium. Müsst ich eigentlich abhören. Wenn ich es aber abhöre, ist das garantiert mit Arbeit verbunden. Der eine will die Bohrmaschine zurückhaben. Seit fünf Jahren. Anderen müssen Sie beim Umzug helfen.

Ich hatte früher mal ’nen VW-Bus. Das war furchtbar! Da mussten Sie sich entschuldigen, wenn Sie den selber brauchten. Heute liebäugele ich mit einem Smart. Ich verstehe überhaupt nicht, warum die das nicht als Werbung machen. Smart – nie mehr beim Umzug helfen!

Der eine will dies, der andere will das. Anrufbeantworter, immer Arbeit, immer schlecht. Wenn ich das Band aber jetzt, ohne es abzuhören, einfach wieder lösche – technisch geht das, auch bei Ihnen, müssen Sie mal machen, ist ein tolles Gefühl, mache ich fast immer –, dann bleibt das Mysterium erhalten, aber vor allem: die Arbeit erspart.

Und jetzt sind wir am entscheidenden Punkt. In diesem Mysterium lebt auch unser Hausmeister, der Herr Eichler. Sie erinnern sich?

Der Hausmeister sieht: Lampe kapott. Aha! Müsst isch eigentlich mal nach gucken.

Und das ist das Mystische, das den Mann durchdringt.

Wobei, bei Herrn Eichler war es ja noch anders. Er hat gesagt: „Müsste mal einer nach gucken."

Das ist für Fortgeschrittene. Dieser eine ist ja auch nur 'ne Idee.

Ich meine, wer soll das sein, wenn nicht er? Aber der hat die Idee, da wär noch einer. Zwei Hausmeister! Der hat den anderen noch nie gesehen. Aber das ist doch toll.

Wenn Sie in dieser Ideenwelt leben – das Risiko, dass das für Sie persönlich irgendwann mal in Arbeit ausarten könnte, tendiert doch schon im Ansatz gegen null.

Sie merken, Herr Eichler muss katholisch sein. Als Protestant hätte er sofort die Lampe reparieren müssen.

Aber so konnte er immer sagen: „Die Idee Lampe reicht aus. Es reicht im Grunde genommen, dass sie da hängt. Deswegen muss sie noch lange nicht funktionieren."

Und in diesem Mysterium des Herrn Eichler lebten alle Menschen, bevor der Luther kam und seine berühmten 95 Thesen in Wittenberg an die Tür geklebt hat.

Deswegen heißt das übrigens heute Tesa-Film.

Luther – der Film

Nee, das war jetzt Quatsch. Ich sage immer, Kabarett schön und gut, aber man muss auch mal 'nen Witz machen.

Aber der Rest stimmt.

95 TRESEN

Jetzt war ja der Luther mit seinen 95 Thesen flächendeckend erfolgreich. Das muss man jetzt wirklich sagen.

Also ehemalige Ex-DDR fast komplett protestantisch. England komplett protestantisch, wenn auch anglikanisch. Amerika fast komplett protestantisch.

Wieso gibt es aber jetzt Gegenden, wo der Luther sich kaum oder gar nicht durchsetzen konnte, wie zum Beispiel damals hier im Rheinland?

Nehmen wir mal zum Beispiel Köln. Köln ist damals 100 Prozent katholisch geblieben.

Wie kommt das?

Nun, zum einen der Rhein. Viele Protestanten konnten nicht schwimmen. Da woren die alt ens fot. Einige aber doch. Und dann trat das Zweite in Kraft. Das wissen Sie ja auch.

Der Rheinländer an sich hört einfach nicht zu. Der redet lieber selber.

Ich sage immer, bei uns im Rheinland hat das Sprechen einen Wert an sich. Völlig unabhängig vom Inhalt. Hauptsache, man hat mal gesprochen.

Und jetzt kamen natürlich auch einige Protestanten nach Köln, wollten den ganzen Laden umkrempeln, da haben die Rheinländer mit einem Ohr wieder nur halb hingehört ...

Wissen Sie, die hören dann nicht zu, schnappen aber doch was auf. Aber dann falsch: „Wat?! 95 Tresen?! Hammer he evver mie! Komm her, zeig ich dir."

Da haben die den armen Kerl von Tresen zu Tresen geschleift. Natürlich nicht, ohne jedes Mal die Bierqualität zu überprüfen.

So endete dann die Reformation Martin Luthers hier im Rheinland mit den 95 Tresen unten am Handlauf ... im Delirium tremens.

Da war mit Luther alles in Butter.

Jetzt haben ja etwas später auch die Franzosen in Köln die Macht übernommen. Da haben die Kölner auch nicht gegen gekämpft.

Die haben denen einfach den Schlüssel vom Rathaus überreicht und haben gesagt: „Na jot, dann maat ihr dat jetz."

Die Idee Regierung reicht aus. Egal, wer es jetzt ist. Und da waren die Franzosen auch schnell wieder weg.

Ein französischer General hat das damals wortwörtlich niedergeschrieben:

***„Du kannst sie nicht regieren,
sie hören nicht zu."***

Derselbe Fall bei meinen Schwiegereltern. Seit Generationen Köln-Bayenthal. Wenn wir da zum Beispiel an einem Samstagnachmittag zu sechst an einem Tisch sitzen – wenn es mehr sind, können Sie es ja hochrechnen –, bei sechs Rheinländern an einem Tisch reden immer schon mal mindestens zwei gleichzeitig. Immer.

Wenn Sie selber auch mal was sagen wollen, dürfen Sie niemals warten, bis einer oder gar beide aufhören zu sprechen. Da können Sie lange warten.

Nein, das rheinische Gespräch hat das Funktionsprinzip einer Autobahn. Zwei Spuren pro Gesprächsrichtung.

Wenn Sie selber auch was sagen wollen, müssen Sie einfach als Dritter auf dem Beschleunigungsstreifen zügig losquatschen, bis Sie dieselbe Sprechgeschwindigkeit wie die anderen beiden Spuren erreicht haben, und fädeln sich dann in das laufende Gespräch ein mit den Worten: „Ja, sag ich doch!"

Und schon sind Sie drin! Sie dürfen dann aber nicht erwarten, dass Ihnen einer zuhört.

Und auf diese Weise haben das ja viele Rheinländer überhaupt noch nicht gemerkt, dass die Regierung nach Berlin gezogen ist, selbst mitten hier in Bonn haben das einige überhaupt noch nicht mitgekriegt.

Da muss wieder einer von außen kommen und sagen: „Ach guck mal, die Regierung ist weg." –

„Da wissen Se mehr als ich."

VOM MYSTISCHEN ZUM MUSS!

Aber genau das, was den Rheinländern durch das Nicht-Zuhören erspart geblieben ist, ist das, was die Historiker den „Übergang vom Universalismus zum Nominalismus“ nennen.

Universalismus heißt, die Idee bestimmt das gesamte Universum, wird aber nicht unbedingt an der Realität überprüft.

Während Nominalismus heißt: Namen sind Schall und Rauch, was hinter den Begriffen steht, die Realität, zählt.

Stark vereinfacht ausgedrückt.

Man kann sich das ja ein bisschen vorstellen, wenn man im Fernsehen eine Zahnpastareklame sieht und der Mann im weißen Kittel erklärt Ihnen die Vorteile von Antibelag.

Wenn Sie diesen Mann im weißen Kittel für einen Mediziner oder Arzt halten, dann leben Sie vor Luther im Universalismus. Das ist die Idee, und dann ist das auch einer.

Wenn Sie den Mann aber für einen Schauspieler halten, der einen weißen Kittel anhat, dann leben Sie nach Luther im Nominalismus.

Viele hielten Manfred Krug für einen Börsenfachmann ... Wie sich später herausstellte, war das Universalismus.

Jedenfalls schützte damals, das muss man jetzt ehrlicherweise zugeben, der Protestantismus vor Parodontose und Zahnfleischbluten.

Die Leute begannen allmählich, wie Bakterien den in Unzucht schwelgenden Klerus zu verachten. Die Leute rannten scharenweise rüber zu den sauberen Protestanten. Die katholische Kirche blutete aus.

Warum?

Weil eben damals in Konstanz die rheinische Integrationskraft gefehlt hat. Hatten zuvor Papst Innozenz und Papst Nonsens Franz von Assisi noch integriert und gedacht: „Der hat sie zwar nicht mehr alle, aber bisschen Recht hat er ja doch."

Kriegt er einen eingetragenen Verein, kann er Spendenquittungen ausstellen, ist er zufrieden, hat der was Eigenes.

Das wissen Sie ja auch: Wer spendet, kriegt einen Orden. Aber wer Spenden kriegen will, der gründet einen Orden. Hat man im Karneval abgeguckt.

Und da war der zufrieden, hatte der was Eigenes. Und diese Integrationskraft, die hat in Konstanz gefehlt. Da hat man die Ketzer auf dem Scheiterhaufen verbrannt.

Und deswegen konnte der Luther später sein Konkurrenzunternehmen aufmachen, das uns aber heute so sehr zu schaffen macht. Denn was der

Luther damals gesagt hat, das kriegen wir erst heute durch die Globalisierung so richtig zu spüren.

Der Luther hat gesagt: „Nicht mehr der Klerus ist das Fachpersonal für Glauben, nein, ihr müsst selber gute Menschen sein."

Und damit ging der Stress los. Das war ja vor Luther im Grunde genommen für die Leute einfacher.

Man ließ nämlich die Menschen mit der Religion in Ruhe. Die mussten zwar morgens und abends beten und sonntags in die Kirche, aber sie konnten Ablass bezahlen. Da zahlten sie 100 Mark ein, und da machte der Klerus das für sie mit Gott klar. Das war wie eine Rechtschutzversicherung. Advokat ist Anwalts Liebling.

Ja, das war ja auch alles auf Lateinisch. Das verstand doch der normale Mensch sowieso nicht. Religion war was für Fachleute.

Wenn man den Fachmann bezahlt hatte, dann konnte man machen, was man wollte.

Jetzt kommt der Luther, übersetzt das alles und sagt: „Weg mit dem Fachmann, ihr müsst das alles selber machen."

Und dadurch wurde das auf einmal wichtig, was man tagsüber so machte. Das war ja vorher nicht.

Und so passierte durch Luther etwas zutiefst Verhängnisvolles: die Heiligsprechung der Arbeit.

Auwei!

Allein die Idee, dass Gott einen jetzt den ganzen Tag beobachtet. Vorher war der ja abgelenkt. Ja, da war ja der Klerus mit dem am Klüngeln.

Jetzt hatten die Leute die Vorstellung, der liebe Gott hätte nix mehr zu tun. Der liegt den ganzen Tag im Fenster und hat Langeweile. Der hat so ein Kissen und ist nur am Gucken, was wir am Machen sind. Und dass der angeblich Spaß hat, dass wir schuften müssen, das ist doch höchst pervers.

Es war aber so!

Vor Luther lebte man ausschließlich nach dem katholischen Motto „Ora et labora“, was so viel heißt wie: Küß do hück nit, küß do morjen – Kommste heut nicht, kommste morgen!

Wir können uns das heute überhaupt nicht mehr vorstellen. Vor Luther war Fleiß keine Tugend. Arbeit auch nicht.

Man arbeitete so viel, wie es zum Leben nötig war. Aber den Rest, den ließ man liegen: Müsst ich eigentlich machen.

Durch Luther wurde das Mystische ersetzt durch das Muss. Kapitalismus. Da hört man's schon.

Der Protestant Calvin verkündete kurze Zeit später in Genf: „Nutze die Stunde!“ Voranmachen.

Deswegen ist heute die Schweiz das Zentrum der Uhrenindustrie. Das herrliche „Ora et labora“ wurde ersetzt durch das „In medias Rolex“. Das heißt, man sollte die kurze Zeit, die man auf Erden zur Verfügung hat, nutzen, um möglichst viel zu schaffen, möglichst viel anzuhäufen zu Gottes Wohlgefallen.

Denn: Wer auf der Erde viel Geld verdient, der kriegt auch im Himmel ’nen besseren Platz.

Und das war die ideale Religion für Unternehmer. Man merkt das heute noch. Die frühe Unternehmensgründungs- und Industriegeschichte – fast alles Protestanten.

Die Katholiken, die hätten den Kapitalismus nie erfunden. Da waren die viel zu faul zu. Aber bei den Protestanten hieß es: Hohe Gewinne sind ein Zeichen göttlicher Erwähltheit.

Und auch der Arbeiter erfährt den lieben Gott durch den Kapitalisten. Das heißt, weil der Kapitalist von Gott geliebt wird, was man an seinem Gewinn ja sieht, hat auch der Arbeiter bereits Gottes Lohn in der Lohntüte drin. Und weil da schon so viel Gotteslohn drin ist, braucht der Kapitalist nicht mehr so viel Reallohn reinzutun. Das heißt, er macht noch höhere Gewinne, wird von Gott noch mehr geliebt.

Tolle Sache! Nur einen Haken hatte das Ganze.

Diese protestantische Ethik war eine Philosophie des Geizes. Da steht wortwörtlich: Es geht um das Anhäufen größtmöglicher Gewinne unter strengster Vermeidung unbefangenen Genießens.

Da haben wir es wieder: E Bies, wat sich nix jönnt. Man merkt das noch heute.

In protestantischen Ländern schmeckt das Essen beschissen. Amerika: Fast Food - beinah Essen. England: Bed and Breakfast. Bäh! Da essen Sie besser das Bett.

Und auch der Holländer wird für seinen Protestantismus bestraft: mit lebenslänglich Fritteuse und Sauce hollandaise, einer widerlichen Pampe. Der Holländer hat die Tischrede erfunden, damit man das Essen vergisst.

Aber schon ein paar Kilometer weiter südlich, Sie brauchen nur über die Grenze zu fahren nach Lüttich oder Brüssel, da können Sie phantastisch essen.

Wie kommt das? Das sind katholische Städte.

Frankreich! Ein katholisches Land, eine phantastische Küche. Allein die Weine!

Italien! Die haben überhaupt keine Protestanten. Da schmeckt es auch!

Und ausgerechnet daher - das ist jetzt das Tragische an der Geschichte - kommt der Francesco, der Franz von Assisi, dat „Bies“, dat sich nichts gönnt.

Man kann sagen, der Protestantismus ist sein später Sieg. Jetzt steht er nicht mehr im Wald und spricht mit den Tieren, nun steht er im Tresor und redet mit den Mäusen.

Und dieses Anhäufen von Gewinn als bloßer Selbstzweck, die Kapital-Akkumulation, wie die Kommunisten das nannten, das war die Grundlage der Industrialisierung. Sonst hätten es ja keiner bezahlen können.

War noch vorher unter katholischer Herrschaft das Anhäufen von Gewinnen nur durch Gewissenlosigkeit möglich, so war es jetzt bei den Protestanten endlich von Gott gewollt. So konnte der Kapitalismus sich in voller Blüte entfalten.

Man kann eigentlich sagen, der Kapitalismus ist nichts anderes als eine Religion. Eine säkularisierte Religion, der aber heute fast 70 Prozent der Weltbevölkerung im tiefen Glauben anhängen.

Diese Religion reduziert den gesamten Erdball auf die einzig einsame Frage: Was ist der Goldwert?

Und das ist im Grunde eine der primitivsten Kulturen, die wir je hatten.

Ich hab mal versucht, in der Weltliteratur irgendwo ein Stück zu finden, wo das noch mal zusammengefasst ist. Und ich bin da – was für ein Zufall – auf einen katholischen Kölner gestoßen, auf Heinrich Böll.

ANEKDOTE ZUR SENKUNG DER ARBEITSMORAL

Sie kennen vielleicht Bölls kleine Geschichte mit dem ärmlich gekleideten Fischer, der im Hafen dösend in seinem Boot liegt.

Jetzt kommt ein Tourist, fotografiert das malerische Bild am Meer. Vom Klicken des Fotoapparates wird der Fischer wach.

Jetzt müssen Sie aufpassen. Fischer katholisch, Tourist evangelisch. Entstehung des Kapitalismus in 1´30 – so kurz kriegen Sie's nie wieder.

„Na?", sagt der Tourist. „Sie werden aber heute einen guten Fang machen. Das Wetter ist günstig, hab ich mir sagen lassen."

„Nö", sagt der Fischer, „ich brauch nicht mehr raus. Ich hab schon genug gefangen. Für morgen sogar mit."

„Ja wie?", sagt der Tourist. „Ja, wenn ich mal blöd fragen darf, warum fahren Sie dann nicht noch mal raus? Ich meine, unter uns, wenn Sie jeden Tag mehrmals ausfahren, würden Sie auch mehr fangen. Da könnten Sie sich doch vielleicht mal einen Motor leisten. Vielleicht in zwei Jahren schon ein zweites

Boot und in drei Jahren einen Kutter. Da würden Sie ja noch mehr fangen. Dann können Sie doch vielleicht mal ein kleines Kühlhaus bauen, eine Marinadenfabrik, später 'ne Räucherei. Sie könnten mit Ihrem eigenen Hubschrauber rundfliegen und die Fischschwärme ausfindig machen und Ihren Kuttern per Funk Anweisung geben. Sie könnten die Lachsrechte erwerben, nach Paris exportieren, und dann bräuchten Sie irgendwann überhaupt nicht mehr zu arbeiten, Sie könnten den ganzen Tag hier im Hafen sitzen und auf das schöne blaue Meer gucken."

„Ja", sagt der Fischer, „das kann ich ja jetzt auch, du Jeck!"

Jetzt stellt sich natürlich die Frage nach der Alternative.

Und die hing auch mit Luther und dem Rheinland zusammen, denn in Köln lebte mal ein junger Protestant aus Wuppertal-Barmen, nennen wir ihn Fritz, der war zutiefst betrübt, dass die Arbeiterinnen und Arbeiter in der elterlichen Textilfabrik Engels so ausgebeutet wurden, so fertig gemacht wurden, dass seine gesamte Unternehmersohnsjugend, wohlhabend, alles von diesem Arbeiterblut gesponsert wurde.

Da sagte er, das musst du beichten.

Aber er war Protestant. Das ging nicht.

Jetzt stand der in Köln an der Theke, zehn Kölsch hat er schon getrunken, da öffnet sich plötzlich die Tür des Brauhauses, und ein langhaariger Bärtiger steht im Rahmen.

Karl aus Trier. Wie sich später herausstellen sollte, ein Guildo Horn der politischen Ökonomie.

Es kam, wie es kommen musste. Fritz und Karl lernten sich an der Theke kennen, sie kommen miteinander ins Gespräch, da sagt der Karl: „Du brauchst das nicht zu beichten. Ich bin Jude und Protestant. Ich kenne mich aus."

Nun muss man sehen, der Marx, der kam ja aus einer jüdischen Familie und war auch noch evangelisch getauft. Der hatte zwei Religionen auf einmal. Das war 'ne Überdosis, deswegen sagte der immer: „Opium fürs Volk." Also für ihn stimmte das.

„Es gibt nur einen Weg, Fritz, wie du dein Seelenheil zurückerlangen kannst, du musst es wieder gutmachen."

Fragt der: „Wie soll ich das denn wieder gutmachen?"

„Ja, ich hab da 'ne Idee", meinte Marx. „Ich hab hier eben auf dem Kölner Alter Markt die Roten Funken gesehen, ein herrliches Bild, wie die da langmarschiert sind mit ihren roten Fahnen, ihren Kostümen. Das muss doch am Aschermittwoch nicht vorbei sein, das kann man doch auch noch am 1. Mai machen. Die Arbeiter müssen raus aus den Fabriken, damit man das auch mal sieht. Und dann muss da Musik ran. Mal ein Tusch. Tätä! Tätä! Tätä! Tätätätätä, tätätätätätä ... [Melodie: Die Internationale ...]

Die Internationale ist aus einem Tusch entstanden.

Das war früher schon so. Diese Sitzungen sind so furchtbar langweilig, die Leute schliefen ein, und da war natürlich immer dieses „Wacht auf! Wacht auf!" Tätä!

Und da hat man dann die Internationale draus gemacht.

Und so wie Karneval hat der Russe den Kommunismus ja auch immer verstanden. Alles säuft, und keiner arbeitet.

Jetzt hat Karl den Friedrich Engels gefragt: „Fritz, denk doch mal nach. Wer auf der Welt hat alles, was die Arbeiterklasse nicht hat? Geregelte Arbeitszeiten, 13. Monatsgehalt, Kündigungsschutz, Pension, Altersversorgung, Krankenversicherung. Wer hat das alles, muss aber trotzdem kaum arbeiten?"

„Der Beamte."

„Genau. Und so machen wir es auch. Arbeiter und Bauern, alle in den öffentlichen Staatsdienst. Wir machen ein Land wie bei der Gemeindeverwaltung, wie bei der Kommune. So muss man's machen. Und so nennen wir's auch. Kommunismus."

Jetzt ist es ja so, was in Köln an der Theke abends gesprochen wird, ist am nächsten Tag vergessen. Die Idee reicht aus.

Aber jetzt waren das ja beides Protestanten. Jetzt mussten die. Auch im Sozialismus steckt das Wort Muss.

Jetzt haben die das alles umgesetzt. Die DDR war ja ein Land, komplett organisiert als Behörde. Arbeiter und Bauern – alle im öffentlichen Staatsdienst.

Wenn Sie ein einziges Mal in Ihrem Leben mit der Stadt Köln zusammengearbeitet haben, kapieren Sie sofort, warum das mit der DDR nicht funktionieren konnte.

SIE KITZEL ICH TOT!

Da wollen wir doch mal gucken, ob wir am Schluss jetzt diese beiden Stränge, die im Konstanzer Konzil auseinander gelaufen sind, wieder zusammenkriegen, und dazu gehen wir doch einmal in die Pubertät unserer rheinischen Republik – in die fünfziger Jahre.

Mancher erinnert sich da vielleicht an seinen ersten Religionsunterricht, der begann früher oft mit der Frage nach dem ersten Menschen: „Kinder, wer war der erste Mensch? Komm, das wisst ihr doch. Fängt mit A an."

Da kam es wie aus der Pistole geschossen: „Adenauer!"

Diese zentrale Figur aus dem vorletzten Jahrhundert, 1876 geboren, bereits 1917 Kölner Oberbürgermeister und dann Kanzler bis 1963, mit 87 Jahren war der noch Kanzler, da darf man bei Schröder gar nicht dran denken, der muss den Kindern einfach wie der erste Mensch vorgekommen sein.

Und dass der so prähistorisch aussah ... Der sah ja aus wie so'n Schädel aus dem Gefrierfach der Eiszeit.

Ich sag immer: Adenauer sah aus wie der Ötzi.

„Ich hab mer extra ne kleine Hauptstadt jenommen."

Aus der Gletscherspalte von Bad Breisig.

Das lag aber nicht an der Frühgeschichte der Menschheit, sondern an der Frühgeschichte der Motorisierung. Der ist nämlich bei einem Frontalaufprall auf der Aachener Straße in Köln bereits 1917 durch die Trennscheibe geflogen. Da hatte der Nasen- und Jochbein gebrochen, die gesamte Lippe zerschnitten. Da war der ein halbes Jahr krank.

Das war schlimm. Aber er ist so zu einem Gesicht gekommen, das man sich merken konnte. Dass die Politiker heute in Berlin alle gleich aussehen, das liegt am Airbag.

Aber Adenauer war für die Deutschen im Crashkurs „Demokratie für Anfänger" so was wie die personifizierte Knautschzone.

Vielleicht hätten der Kurt Schumacher und die SPD manches anders gemacht, wer weiß das schon? Aber die SPD hatte es ja mit einem neuen Gegner zu tun.

Vor dem Krieg gab es doch die CDU nicht, nur das katholische Zentrum. Und die wollten jetzt quasi die Protestanten mit ins Boot nehmen. Nur so konnte der neue Haufen überhaupt mehrheitsfähig werden.

Auf die Journalistenfrage, ob die CDU eine katholische Partei sei, antwortete Adenauer damals: „Nein, nein, se fußt auf dem, was Katholiken und Protestanten gemeinsam haben. Der Luther war ene jute Mann. Wenn ich damals Papst jewesen wär, da hätt ich mir der mal kommen lassen. Dann wär das alles nicht passiert."

Hätt ich mir der mal kommen lassen! ... Man merkt schon, was für 'ne Kanaille das war.

Und genau so lief das auch bei der programmatischen Gründung der CDU, beim so genannten Ahlener Programm.

Da waren zum Beispiel damals die Vertreter des christlichen Sozialismus, die katholische Arbeiterbewegung, die „Herz-Jesu-Sozialisten" nannte man die. Das waren quasi die Vorläufer von Norbert Blüm.

Aber die wollten damals noch den Kapitalismus abschaffen, hatten einen Großteil der Gründungsmitglieder hinter sich. Das kann man sich heute überhaupt nicht mehr vorstellen – Sozialismus in der CDU.

Warum?

Nun, dem Adenauer passte das nicht. Und so hat er direkt verhindert, dass sich da eine programmatische Gruppe mit den christlichen Sozialisten bildete.

Er war schneller. Er gründete den Wirtschaftsausschuss der rheinischen CDU. Der hat alles sofort hier ins Rheinland gelenkt.

Und in diesem Ausschuss saßen selbstverständlich auch die „Herz-Jesu-Sozialisten", die katholische Arbeiterbewegung.

Aber zum Vorsitzenden dieses Ausschusses machte Katholik Adenauer – jetzt kommt's! – einen

Protestanten, seinen Kölner Freund Robert Pferdmenges, Erfinder der gleichnamigen Pferdmengesstraße in Köln-Marienburg, da hat er gewohnt, die ist nach ihm benannt.

Und dieser Freund Pferdmenges Robert war angesehener Kölner Privatbankier, Oppenheim-Bank, und übrigens ganz nebenbei Neffe von Friedrich Engels.

So klein ist die Welt!

Hat auch ´ne Straße: Engels Neffe

Der Engels aus Wuppertal, Pferdmenges aus Köln. Diese Blutsverwandtschaft mit Marx und Engels hatte aber politisch überhaupt keine Auswirkungen. Im Gegenteil.

Pferdmenges war Kapitalist reinsten Wassers. Der saß in 38 Aufsichtsräten, und der war jetzt quasi Ausschussvorsitzender der christlichen Sozialisten.

Jetzt können Sie sich vorstellen, wie sich diesem reichen Bänker aus Marienburg die Nackenhaare gesträubt haben müssen, als da dauernd Ausdrücke gefallen sind wie: Verstaatlichung – Enteignung – Vergesellschaftung.

Aber er hat es mit rheinischer Gelassenheit genommen und nur versucht, dem Ganzen so'n bisschen wenigstens die Spitze zu nehmen.

Im ersten Parteiprogramm der CDU hört sich das immer noch so an –
O-Ton Ahlener Programm: „Der Kapitalismus ist den Bedürfnissen der Deutschen nicht gerecht geworden. Gefordert wird ein gemeinwirtschaftliches Prinzip, Entflechtung der Konzerne, Begrenzung des Privateigentums und Mitbestimmung der Arbeiter durch planerische Selbstverwaltung."

Das würde heute nicht mal Sarah Wagenknecht unterschreiben.

Aber Adenauer soll damals zum Pferdmenges gesagt haben: „Robert, dat haste jut jemacht. Hauptsache, dat Wort Sozialismus is eraus! Und den Rest machen wir sowieso nicht."

Originalton Adenauer!

Sie wissen doch, Politikern darf man nicht alles glauben. Auch Politiker haben die Wahrheit nicht für sich gepachtet. Ich selbst bin Zeuge dafür.

Aber im Grunde genommen war dieser Adenauer-Pferdmenges-Klüngel doch die Wiedergutmachung des Konstanzer Konzils. Denn hier konnte auf der Grundlage protestantischer Wirtschaftskraft einerseits und katholischer Sündhaftigkeit andererseits, also Profit-Center plus Ill-Party, unter Adenauers Wirtschaftsminister Ludwig Erhardt ... der frühe rheinische Kapitalismus erblühen, in dem doch zumindest noch Grundlagen eines katholischen Kommunismus mit protestantischem Kapitalismus vereint sind.

So ist der heutige Terror der Ökonomie ein Attentat auf die Ökumene.

Natürlich war Adenauer auch Antikommunist, aber damals gab es ja auch noch richtige Kommunisten.

Die saßen sogar im Parlament.

Als im ersten deutschen Bundestag die KPD wieder einzog unter ihrem Vorsitzenden Heinz Renner, übrigens auch der erste Nachkriegsbürgermeister der Stadt Essen, da waren Adenauer und Renner freundlich zueinander.

Die kannten sich aus der Weimarer Zeit. Da war man ja nicht so verfeindet.

Der Renner hat auch ein paarmal in Rhöndorf bei ihm übernachtet, als er von den Nazis verfolgt war. Überhaupt kam der Adenauer mit den Kommunisten immer besser zurecht als mit den Sozialdemokraten.

Der hat ja zum Beispiel in Köln mit den Kommunisten zusammen die Mülheimer Brücke gebaut. Da sollte eigentlich so 'ne Bogenbrücke hin, weil die kostete nur 10 Millionen Goldmark, von Mülheim nach Köln. Aber der Adenauer wollte 'ne Hängebrücke. 15 Millionen Goldmark.

Warum?

Da waren die ganzen Stahlseile dran, die bei Felten & Guilleaume hergestellt wurden in Köln-Mülheim. Da arbeitete sein Freund Zapf, der saß da im Vorstand.

Adenauer meinte: „Zapf, du kriegst den Auftrag, ich mach dat schon!"

Da seine eigene Partei aber gesagt hat: „Machen wir nicht, das ist zu teuer", ging der Adenauer zu den Kommunisten: „Liebe Genossinnen und Genossen! Ihr müsst mit mir für die Hängebrücke stimmen."

„Warum dat dann?"

„In Sowjet-Russland, im revolutionären Leningrad, steht genau so 'ne Brücke, müssen wir in Köln auch haben."

Das können Sie im Stadtratsprotokoll von damals nachlesen. Da hat Adenauer mit den Kommunisten gegen die eigene Partei diese Brücke durchgesetzt, wie sie ja heute da steht.

Aber jetzt war Kalter Krieg, da ging das nicht mehr.

Da meinte Adenauer: „Jetzt hören Se auf, Herr Renner, Sie sind immer so freundlich zu mir, aber ich weiß doch jenau, wenn Sie an die Macht kommen, da hängen Se mich doch sowieso auf."

Da antwortete der Renner: „Nein, Herr Adenauer, Sie kitzel ich tot!"

Und so war auch die Wiedervereinigung für Adenauer verzichtbar. Er mochte die Preußen sowieso nicht. Sollen doch ruhig die protestantischen Preußen da drüben bei den Russen den Schuldschein der deutschen Geschichte für die Deutschen bezahlen. Da brauchen wir es im Westen wenigstens nicht zu machen.

Und genau so war es ja auch. Er mochte die Preußen einfach nicht.

Schon vor dem Krieg als Kölner Oberbürgermeister hat er immer wenn er in die preußische Hauptstadt Berlin musste, schon auf der Hohenzollernbrücke in Köln die Vorhänge im Abteil zugezogen und gesagt: „In Deutz beginnt der Bolschewismus! Und hinter Braunschweig die Walachei."

Das heißt, seine Vision aus den zwanziger Jahren, Deutschland als Rheinbund, konnte jetzt nach dem

Kriege endlich Wirklichkeit werden. Dazu brauchte er nicht die fünf neuen Länder, dazu brauchte er nur ein rheinisches Bundesdorf als Hauptspielstädte.

Favoritenrolle in der Hauptstadtfrage hatte ja Frankfurt. Traditionsreiche Metropole am Main, lag zentral, die gesamte Zonenverwaltung war schon da zusammengezogen, nicht zuletzt das Frankfurter Würstchen, alles sprach für Frankfurt, gefolgt von Stuttgart und dann Kassel.

Wie kam es jetzt zu Bonn?

Diesem damals noch völlig nichts sagenden rheinischen Haufendorf. Das kannten damals nicht mehr als heute Prüm.

Nun, wie Sie ja wissen, wohnte Adenauer seit 1937 in Rhöndorf. Und das ist ja herrlich, wenn Sie in Rhöndorf über den Platz gehen, da beim Bäcker Profitlich vorbei, und dann gehen Sie oben die Straße hoch, und dann geht rechts dieser kleine Fußweg rein.

Steht ja da schon: „Haus Adenauer". Und dann geht man oben hoch, Pfennigsweg 10, da wohnte Adenauer. Und wenn Sie diesen Blick sehen, kann man ja heute noch besichtigen – montags ist Ruhetag, da hat Adenauer frei, ansonsten bis 16 Uhr letzte Führung –, da sehen Sie diesen Blick über das Rheintal hinweg.

Aus jedem Zimmer heraus konnte der so herrlich gucken. Rechts der Drachenfels, gegenüber der Rolandsbogen. Er konnte gucken über die Eifel hinweg.

Man sagt, bei gutem Wetter konnte der Adenauer gucken bis nach „Pariss". Da wohnte sein Freund, de Johl. Schaal dä Johl (de Gaulle).

Und wenn Sie diesen Blick nach Westen raus da sehen, da kapieren Sie plötzlich im wahrsten Sinne des Wortes, warum dem Adenauer die Ossis am Arsch vorbeigingen. Da wor Parris öm de Eck und Berlin jwd.

Adenauers Haus hat nach Osten gar keine Fenster! Nur das Klofenster, und das ist Milchglas.

Jetzt klüngelte Adenauer, was das Zeug hielt, um das kleine Bonn gegen das große Frankfurt durchzusetzen. Dabei war es sein Vorteil, dass er katholisch war.

Er konnte also lügen, so viel er wollte. Er konnte es ja hinterher beichten.

Hat er auch gemacht.

Er versorgte seine vielfältigen Kontakte mit handfesten Unwahrheiten, frei nach seinem eigenen Motto „Man soll mit dem Sack Wahrheit nicht so um sich werfen!".

Mit diesem Satz wäre später Herr Kohl aus dem Schneider gewesen.

Adenauer erzählte zum Beispiel dem US-Botschafter in Berlin, Robert Murphy, von angeblichen geheimnisvollen Annektionsplänen, die natürlich völlig frei erfunden waren: „Herr Murphy, in gewissen Kreisen Frankreichs denkt man noch immer an eine besondere Regelung für das linke Rheinufer. Die Franzosen wollen uns bis zum Rhein annektieren. Solche Bestrebungen sind zur Aussichtlosigkeit verurteilt, wenn eine linksrheinische Stadt Sitz der Bundesregierung wird."

Völliger Quatsch, aber nicht ohne Wirkung.

Jetzt begreifen wir plötzlich, warum er nicht gleich Rhöndorf zur Hauptstadt gemacht hat. Lag ja auf der Schäl Sick.

Am Tag der Abstimmung war trotzdem der Sieg Frankfurts ziemlich sicher, da nicht nur die gesamte SPD, sondern auch die hessische CDU natürlich für Frankfurt stimmen wollten, war ja klar.

Da erscheint plötzlich Adenauer mit einem weißen Zettel bei seinen Parteikollegen: „Falls es Sie interessiert, ich habe hier gerade noch 'ne janz aktuelle Ajenturmeldung reinbekommen. Die SPD feiert schon ihren Abstimmungssieg für Frankfurt und denkt darüber nach, wie er sich politisch als Sieg der Sozialdemokratie gegen uns ausschlachten lässt."

Die Frankfurt-Befürworter der CDU fühlten sich daraufhin zur Parteiloyalität verpflichtet und stimmten alle für Bonn.

Diese Agenturmeldung war natürlich auch von Adenauer völlig frei erfunden. Hat er selber getippt.

Darauf angesprochen, sagte er:

„Lieber an der Politik zugrunde gehen als an Heimweh."

Und deswegen lassen Sie mich am Schluss noch eines sagen: Wenn heute der Schröder für alle Reformvorhaben die Stimmen der CDU haben will oder auch muss – es geht ja gar nicht anders –, dann soll er sich doch einfach mal angucken, wie der Adenauer das damals gemacht hat.

Als der mal die Stimmen der SPD haben wollte, da ist der einfach ans Rednerpult gegangen, und daran merkt man auch das Demokratieverständnis dieser Zeit.

Das war nicht wie heute, dass jeder mitdiskutieren konnte. Das nannte man Kanzlerdemokratie.

Im Grunde war er der letzte Kaiser. Das heißt, er geht ans Rednerpult mehr wie so ein Lehrer, was der Kanzler sagt, wird gemacht.

Und wenn sie's nicht machen, wird er bös: „Ach, Sie von der SPD, ja, mein Jott, jetzt arbeiten Se doch mit! Jetzt stimmen Se doch auch dafür! Se haben doch auch 'n paar kluge Köpfe in Ihren Reihen, die denken können."

Da sagte der SPD-Abgeordnete Dr. Arndt: „Das zu beurteilen, das steht Ihnen doch überhaupt nicht zu!“

„Ja,“ meinte Adenauer, „Sie hab ich ja auch jar nicht jemeint!“

ALLE AN EINEM TISCH

Wenn Sie noch Zeit haben, machen wir noch kurz eine auf.

Plöpp!, macht der Korken, und plötzlich sitzen alle wieder an einem Tisch.

Der Bischof von Bordeaux hat Wein im Gepäck.

„Ich hab hier einen 1398er Haut-Medoc hochgebracht, den müssen Sie mal probieren."

„Hmm, phantastisch", sagt Johann Hus. „Damit hättet ihr mich rumgekriegt."

„Und nachher probieren wir noch die Wehlener Sonnenuhr Auslese von 1403, das war ein gutes Jahr."

Aus der Küche riecht man schon die dampfenden Suppentöpfe, gebratene Pfauen in grüner Kaperntunke, rheinischer Sauerbraten vom Pferd. (Ich esse ja gern Pferdefleisch. Und wenn Sie gern reiten, ist das kein Problem. Eins nach dem anderen!)

Schalen, Schüsseln und Pasteten, keine Spur von Brigitte-Diät, alles nach Originalrezepten des Konstanzer Konzils.

Die schönen Konkubinen dekantieren gerade edlen Wein in mittelalterliche Humpen, da steht plötzlich der alte Adenauer in der Tür: „Ich hab hier noch ’ne janz aktuelle Ajenturmeldung, meine Herren.“

„Setz dich!“, ruft Papst Innozenz. „Das Pferd wird kalt.“

„Ich hab noch den Kurt Schumacher mitgebracht, da kommt der auch mal raus.“

„Soll ich ihm das Fleisch klein schneiden?“, fragt der Major der englischen Besatzungszone.

„Nee, der hat jetzt wieder zwei Arme. Es findet sich alles wieder, wenn man lang genug sucht.“ –

Plöpp!

„Das ist ein Brunello de Montalcino von 1248, da hab ich noch 923 Flaschen von im Keller. Herr von Assisi, dat sag ich Ihnen jetzt als Bischof: Den als Messwein, und Sie haben jeden Tag Christi Himmelfahrt.“

Völlig unerwartet schreitet jetzt die stolze Imperia zur Mitte der Tafel, stellt sich auf einen Stuhl, streckt ihr rechtes Bein aus dem Rock auf den Tisch und verkündet anschaulich mit ihrer goldgeschmückten Hand an ihrem schier ungeheuerlichen, keineswegs unterschwellig erotischen Oberschenkel: „Liebe Konkubinen, Kaplane, Kommunistinnen und Konfirmateusen! Ich war in der Küche probieren und kann nur sagen, das Fleisch ist jut mangs. Und was den Kapitalismus betrifft, wir Frauen haben es von Anfang an versäumt, für die Erziehung unserer Kinder Rechnungen zu schreiben.“

Da guckt plötzlich Philipp von Mala unter ihrem Rock hervor, schaut in die versammelte Runde und entdeckt nur ein einziges ratloses Gesicht.

Sofort guckt er zu Calvin und erklärt: „Mangs ist rheinisch. Das meint weich und zugleich fest. Oder untereinander. Das ist unser Geheimnis."

„Ach so", meint der Schweizer und legt endlich seine Rolex beiseite.

Jetzt schiebt Adenauer Imperias Samtrock wie einen Bühnenvorhang weg und fragt Philipp von Mala geradewegs ins Gesicht: „Sagen Se mal, Herr Pfarrer, wohnen Se mit der Dame zusammen?"

„Jaja, sie ist mit all ihren Frauen zu mir ins Pfarrhaus gezogen."

„Und was ist mit dem Zölibat, Hochwürden?"

„Keine Sorge, Imperia und ich, wir teilen uns zwar ein Bett, aber wir haben das Zimmer quer über die Matratze mit Tesa-Krepp in zwei Hälften geteilt. Und immer, wenn einer von uns in die verbotene Hälfte des anderen tritt, zahlt er 10 Cent Strafe."

„Ja, das ist ja nun nicht viel."

„Ha! Das leppert sich aber zusammen!"

Plöpp!, macht es wieder, und Franz von Assisi hält eine Flasche Kröver Nacktarsch in die Höhe.

„Den hab ich für 1,95 auf 'nem Campingplatz in Traben-Trarbach gekauft."

Seine Klara ruft: „Ach Franz, nun trink nicht so viel, du musst noch in den Himmel auffahren."

„Ach, da sind um die Zeit keine Kontrollen mehr! Und ich hab irgendwie das Gefühl, wir sind schon da.“

Da tritt plötzlich ein Herr zur Tür herein.

Es wird gleißendhell!

„Wer ist der Mann?“, fragt Luther äußerst skeptisch. „Ist das der Erlöser?“

„Ich heiß Jupp Eichler.
Und ob ihr’s glaubt oder nicht,
de Lamp’ tut et widder!“

Liebe Leser,

wenn Sie das jetzt alles verstanden haben,
was ich Ihnen in diesem Buch erzählt habe,
dann wissen Sie mehr
als ich.

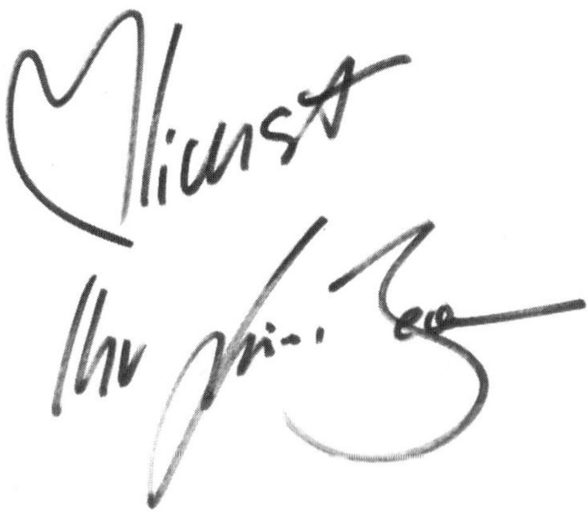

Martin Stankowski
Wir Rheinländer von A bis Z

Ein Lexikon zur Ausstellung „Wir Rheinländer"
im Rheinischen Freilichtmuseum Kommern

Broschur, 154 Seiten, zahlreiche Abbildungen

Was ist das Rheinland und wer gehört dazu? Der Fluss, die Landschaft, die Städte? Köln, Bonn, Koblenz oder Düsseldorf, auch Aachen und Wuppertal? Seit wann existiert das Rheinland und wer hat es gemacht? Die Franzosen, von denen die Freiheit stammt oder die Preußen, die Ordnung und Polizei, aber auch Schulen, Düngemittel und Industrie gebracht haben? Was macht den Rheinländer aus? Kultur, Geschichte, Sprache oder Religion? Und welche? Evangelisch? Katholisch? Was ist typisch rheinisch? Wein oder Bier? Martin Stankowski kennt die Antworten.

Martin Stankowski
Der andere Rheinreiseführer

288 Seiten, Broschur,
zahlreiche farbige Abbildungen und Karten

»Ein professionell gemachtes und
unterhaltsam geschriebenes Standardwerk
für Rheintouristen«
taz

Der andere Rheinreiseführer von Martin Stankowski. Vom Kölner Dom bis zur Loreley: die großen und kleinen Orte entlang des Rheins und eine Vielfalt von überraschenden Geschichten am und vom großen Strom – ein Muss für jeden Rheinreisenden!

www.kiwi-koeln.de

KiWi
KÖLN